职业教育国际邮轮乘务管理专业
国家级教学资源库系列配套教材

邮 轮 概 论

朱娜娜 黄超夷 王宇鑫 主编

化学工业出版社
·北京·

内容简介

本书为国际邮轮乘务管理类专业教材，主要目标是让初学者初步认知邮轮旅游业和邮轮相关工作。本书重点介绍了邮轮旅游的四大基本要素：船舶、港口、航线、游客。具体内容包括：邮轮产业概述、邮轮、邮轮公司、邮轮港口、邮轮航线、邮轮旅游过程、邮轮安全、邮轮应聘就业。本书是职业教育国家级教学资源库"国际邮轮乘务管理"子项目"邮轮概论"配套教材，融入党的二十大报告中立德树人的要求，书中包括微课、视频和图文案例等配套资源。书后附有实训项目工作单，在学习相关知识时可利用工作单开展实训活动。

本书适用于高等院校邮轮旅游相关专业，也可作为邮轮旅游从业人员或者其他感兴趣者了解邮轮旅游的入门参考用书。

图书在版编目（CIP）数据

邮轮概论/朱娜娜，黄超夷，王宇鑫主编.—北京：
化学工业出版社，2023.9（2024.11重印）
ISBN 978-7-122-43706-8

Ⅰ.①邮… Ⅱ.①朱… ②黄… ③王… Ⅲ.①旅游船-
高等职业教育-教材 Ⅳ.①U674.11

中国国家版本馆CIP数据核字（2023）第116723号

责任编辑：王　可　　　　　　　　　　文字编辑：蔡晓雅　师明远
责任校对：王鹏飞　　　　　　　　　　装帧设计：张　辉

出版发行：化学工业出版社（北京市东城区青年湖南街13号　邮政编码100011）
印　　装：河北延风印务有限公司
787mm×1092mm　1/16　印张10½　字数268千字　2024年11月北京第1版第2次印刷

购书咨询：010-64518888　　　　　　　售后服务：010-64518899
网　　址：http://www.cip.com.cn
凡购买本书，如有缺损质量问题，本社销售中心负责调换。

定　　价：32.00元

邮轮业被誉为"漂浮在水上的黄金产业",根据 CLIA（国际邮轮协会）资料显示,近年来国际邮轮旅游业一直以年均 8% ～ 9% 的速度持续增长。尽管目前的国际邮轮旅游市场仍主要集中在北美和欧洲,但国际邮轮产业的发展重心已经逐渐转向亚洲,特别是中国。随着中国经济实力的不断提升,邮轮旅游也越来越受到人们的欢迎,中国的邮轮旅游业正在逐渐稳步发展。同时,随着"21世纪海上丝绸之路"倡议的提出,中国的邮轮产业将快速发展。中国邮轮产业的发展无疑将需要大批通晓国际邮轮运营、港口管理、邮轮产品销售、邮轮服务等知识和技能的专业人才。因此,培养能够满足邮轮业发展需要的优秀人才是大势所趋。

本书为职业教育国际邮轮乘务管理专业国家级教学资源库子项目配套教材,融入党的二十大报告中发展海洋经济、加快建设海洋强国的要求,重点介绍邮轮旅游的四大基本要素:船舶、港口、航线、游客。具体模块和内容包括邮轮产业概述、邮轮、邮轮公司、邮轮港口、邮轮航线、邮轮旅游过程、邮轮安全、邮轮应聘就业。同时,本书配套相关可视化教学资源,扫描二维码可观看邮轮内部空间、邮轮港口、邮轮航线等的视频、动画和图文辅助材料,使知识点更加条理清楚、便捷易学。

本书由福建船政交通职业学院朱娜娜、黄超夷、王宇鑫主编,福建船政交通职业学院杜志秀、陈福金,厦门建发旅游集团侯巧玲参与编写。其中,王宇鑫负责第一、二章的编写和全书统稿工作,朱娜娜负责第三～六章及实训项目的编写和视频制作,黄超夷负责第七、八章的编写和视频制作,杜志秀、陈福金负责本书习题的编写和视频制作,侯巧玲负责提供部分参考资料并提出指导意见。

本教材的编写得到了厦门星旅远洋国际邮轮有限公司、厦门海陆海事服务有限公司的支持,在此表示衷心的感谢。本教材引用了相关文献与资料,在此谨向相关作者致以真诚的谢意,同时也非常感谢行业专家的指导。由于编者水平有限,书中不妥之处在所难免,敬请广大读者批评指正并提出宝贵意见。

编　者

2023 年 3 月

目录

第一章　邮轮产业概述

学习目标

📖 知识目标

1. 认知大航海时代对邮轮产业的作用和意义；

2. 认知邮轮发展史和发展现状；

3. 熟悉邮轮旅游形成和发展变迁；

4. 认识邮轮产业及其影响问题，区分邮轮产业对经济、社会文化、环境的不同影响；

5. 了解世界邮轮产业发展现状。

📖 技能目标

1. 条理清楚的逻辑分析与语言表达能力：能够阐述大航海时代产生的文化背景及事件经过、能够分析大航海时代对世界历史发展的深远影响、能够总结分析邮轮产业的利弊；

2. 信息处理能力：能总结出邮轮产业的基本发展原理和变化规律。

📖 素质目标

1. 通过《大国崛起》影视片段和有关大航海的案例故事，让学生体会人类百折不挠、锐意进取的精神，融入以改革创新为核心的时代精神；

2. 通过学习邮轮产业对环境的影响，融入爱护公物、保护环境、遵纪守法的社会公德；

3. 通过了解中国快速发展的邮轮产业情况，融入社会主义核心价值观、爱国情怀、民族自豪感和政治认同感。

第一节　邮轮历史文化背景

学习引导

　　在人类文明发展进程中，欧洲在公元 15 世纪以前一直扮演着一个次要的角色。而在同期，亚洲创造出了更为繁荣的文化，并将这一优势不断扩大。太平洋西岸和大西洋东岸几乎没有过直接的交往，他们对彼此的认识也仅仅是通过丝绸之路的商贸往来。13 世纪末，马可·波罗与他的游记在欧洲掀起了对东方的向往狂潮。在马可·波罗的笔下，中国、东亚甚至整个亚洲是一个拥有空前繁荣的文化、遍地黄金、香料的发达而强盛的区域。这引发了大量欧洲人一窥东方文明的愿望，也为大航海时代的开启注入了强大的精神动力。

 知识内容

一、华美的远洋探索

13 世纪威尼斯商人兼旅行家马可·波罗的《马可·波罗游记》，第一次较全面地向欧洲人介绍了当时发达的中华文明。据作者记述，东方是富裕而神秘的，所到之处"黄金遍地，香料盈野"。

随着游记的流传，欧洲人对东方充满着渴望，并产生了一股"寻金热"。以葡萄牙、西班牙为代表的欧洲水手们，以"航海家""探险家""冒险家"的身份，组织一批又一批"舰船"，拉开了大航海时代的帷幕。

15 ～ 17 世纪，欧洲人突破地中海的地域限制，跨进浩瀚无边的大西洋，并借助于对海洋的探险，第一次与非洲、亚洲、美洲、大洋洲在内的外部世界建立起直接的交往关系。这一时期史称为"大航海时代"或"地理大发现"。

其实，早在大航海时代之前，就不断有人对海洋进行探索。12 世纪末 13 世纪初，中国人发明的罗盘针经阿拉伯人传入欧洲，并得到改进，当没有太阳和星星的时候，罗盘针便能帮助水手辨别方向。在 13 世纪期间，世界上就有了地图和航海图，它们显示出航海路线和不同国家的海港。15 世纪末，欧洲人发明了星盘，它可以帮助水手辨别他们在大海中的位置。自从有了星盘之后，人们就可以航行去很远的地方。13 ～ 16 世纪，造船技术得到提高，欧洲普通船舶的吨位普遍增加了一到二倍，使得欧洲人拥有了在各种复杂气候条件下进行远航的能力。15 世纪之后西欧人中已经有人深信地球是圆的。

以上种种因素都从客观上推动了大航海时代的开启。大航海时代是人类文明进程中重要的历史时期之一，促进了地球上各大洲之间的沟通，并随之形成了众多新的贸易路线。伴随着新航路的开辟，东西方之间的文化、贸易交流大量增加，殖民主义与自由贸易主义开始兴盛。欧洲则在这个时期快速发展，并奠定了超越亚洲的基础。

二、地理大发现"三大事件"

1. 新航路的发现

1487 年 7 月，巴尔托洛梅乌·缪·迪亚士（约 1451—1500 年）登上了葡萄牙国王为其配备的探险船。迪亚士的船队由 3 艘帆船组成，除了 2 艘快帆船外，还有一艘满载食物的供应船。船队沿着非洲西海岸一直往南，越过南回归线后，抵达纳米比亚的卢得立次湾，在那里竖立了第一个标柱。

1488 年，船队抵达非洲最南端的海角，迪亚士将其命名为"风暴角"，并在这些地方建立殖民据点，与土著居民展开贸易往来。回国后葡萄牙国王将其重新命名

为"好望角"，以示通向印度的良好希望。接着，船队继续前行，抵达南非的莫塞尔湾。他指挥船队沿着海岸线航行，发现海岸线在缓缓地转向东北，便确信已经来到印度洋。他们最远航行到了大鱼河（南非东开普省的一条河流）河口，但此时由于不少船员患病，归心似箭，迪亚士不得已下令返航。

迪亚士环绕南部非洲的远洋航行，对于欧洲人来说，是开天辟地的大事，它改变了传统的世界观、地理观，为达·伽马开辟印度新航路、为大航海时代作出了积极的贡献。9年后的1497年7月8日，葡萄牙贵族达·伽马奉葡萄牙国王之命从葡萄牙的里斯本出发，绕过好望角，沿非洲东海岸北上，之后由阿拉伯水手马季得领航横渡印度洋，于1498年5月20日到达印度西海岸的卡利卡特，次年载着大量香料、丝绸、宝石和象牙等返回葡萄牙的里斯本。这是第一次成功绕非洲航行到印度，被称为"新航路的发现"。

2. 哥伦布发现新大陆

在葡萄牙组织探寻新航路的同时，西班牙也力图寻求前往印度和中国的航路。1492年8月3日，哥伦布带领西班牙王室资助的3艘帆船从西班牙西南部的巴罗斯港口出发。舰船于1492年10月12日到达巴哈马群岛的瓜那哈尼。

踏上"新大陆"后，哥伦布继续西行，相继到达古巴岛和海地岛。1493年3月15日回到出发地——西班牙的巴罗斯港。在以后的8至10年间，哥伦布又三次西航，陆续抵达西印度群岛、中美洲和南美大陆的一些地区。但哥伦布至死也没意识到，他发现的这些地方并非中国和印度，而是一块新大陆。后来，意大利探险家亚美利哥·韦斯普奇到达美洲，才确定这是一片新大陆。在人们认识到大西洋西岸的陆地并非亚洲，而是一个新大陆后，人们的地理视野扩大了。这就是所谓的"新大陆的发现"。

3. 第一次环球航行

1519年，葡萄牙航海家麦哲伦奉西班牙国王之命，率探险队从西班牙巴罗斯港出发，横渡大西洋，沿巴西东海岸南下，绕过南美大陆南端与火地岛之间的海峡（即后来所称的麦哲伦海峡）进入太平洋。1521年到达菲律宾群岛，在与菲律宾土著人的一次战斗中，麦哲伦被杀。其后，麦哲伦的同伴继续航行，终于到达了"香料群岛"（今马鲁古群岛）中的哈马黑拉岛。之后，满载香料又经小巽他群岛，穿过印度洋，绕过好望角，循非洲西海岸北行，于1522年9月回到西班牙，完成了人类历史上第一次环球航行。

麦哲伦虽然没有走完环球航行的全部路线，但人们仍把环球航行的功绩归给了他，因为他向人们证明了地球是圆的和以匀速运动来实现自转的科学设想。这样，人类就可以在地球上通过海洋，从西方到达东方，也可以从东方到达西方。

三、大航海时代的深远影响

1. 地理大发现转变了欧洲人的世界观，拓宽了人类的认识视野

在大航海时代之前，地球是个球体和以匀速运动来实现自转都还只是科学预想，而地球究竟有多大、到底有哪些地方还是个谜。1492年，德国地理学家、航海家马丁·贝海姆制造了世界上第一个地球仪，它使人们普遍相信地球是一个球体的说法。

M1-1　大航海时代的深远影响

不过，在这个地球仪上，属于美洲的位置还是一片大海。但这一切都随着地理大发现而改变。

最早为这一改变作出贡献的是葡萄牙亨利王子。15世纪上半叶，在他的领导下，葡萄牙人开始了海外探险与殖民扩张的历程，探险船队首先到达大西洋东侧，由此，欧洲人观察世界的眼界开始被打开。1488年，迪亚士发现好望角，使绕道非洲最南端、开辟印度新航线的愿望成为可能。1498年，达·伽马率领的船队第一次绕过好望角，停泊在印度的卡利卡特港，实现了数百年来欧洲人的梦想，为欧洲人找到了新的出路。达·伽马首航印度成功，欧洲人的眼界进一步被打开。1492年，哥伦布发现了近四倍于欧洲大小的美洲，使人类在对未知世界的认识上，迈出了具有划时代意义的一大步。1500年葡萄牙的航海家卡布拉尔发现了巴西和马达加斯加岛。1501年，意大利航海家亚美利哥·韦斯普奇发现了北美大陆，美洲的名字由此而来。

1519年，葡萄牙航海家麦哲伦受西班牙国王委托，率领船队寻找通往东方的航线，船队历时三年，完成了人类史上的第一次环球航行，以无可辩驳的证据证实了地球是个球体和以匀速运动来实现自转的科学设想，从而对欧洲人的世界观实现了颠覆性的改变。

地理大发现，转变了欧洲人的世界观，拓宽了人类的认识视野，推动地理学和文学的革命，并为后来邮轮的问世打开了广阔的海域空间。

2. 大航海时代使造船技术突飞猛进

大航海时代，随着一队队航船的出发和一个个新地理的发现，极大地刺激了欧洲的造船业，造船水平可谓日新月异。

1497年7月8日的航行，达·伽马率领的舰队由4艘探险船、170名船员组成。其中，旗舰"圣加布里埃尔"载重约120吨，配有10门射石炮，其他武器一应俱全。舰队的补给船约200吨，备有足够3年用的食物，主要是腊肉和饼干，还有许多淡水。这是葡萄牙历次海外探险中准备最充分的一次。

1519年，麦哲伦率领船队历时三年完成了人类史上第一次环球航行，船队由5艘船只、200多人组成，成为当时远洋探险中装备最充分的一支船队。

从纯造船技术上看，15世纪时，大西洋沿岸的欧洲国家在帆船设计方面有一项划时代的进步，就是三桅船，它基本集中了当时各种船的优点，装有舵柱铰链舵，方帆与三角帆并用，能利用各个方向的风，并把帆分悬在三到四个桅杆上，操纵更加灵活。三角帆的出现解决了逆风航行的困难，这种船在大航海时代得到广泛应用。

进入17世纪后，随着海外贸易和对外扩张的需要，船舶技术大踏步前进，到了19世纪，西方人所造的飞剪型帆居世界领先水平。欧洲船舶技术的进步，为气控船舶的产生奠定了基础，出现了现代造船业的曙光。

由此可见，在地理大发现、对外扩张和海外贸易的刺激下，18、19世纪欧洲的造船业发展到了高峰，为后来邮轮的建造从材料和技术上打下坚实的基础。

3. 大航海时代催生了航海教育，造就了一批航海冒险家

大航海时代的开山鼻祖亨利王子在圣维森特角创建了"王子镇"，作为他从事航海事业的重要基地，在这里，他修要塞、建图书馆，还创办了著名的萨格雷斯航海学校。他亲自担任校长，并给学员们讲授地理、天文和航海方面的课程，还邀请

有经验的船长、水手、旅行家、地理学家、地图学家、数学家、天文学家和工匠们，组成了肩负伟大使命的"大西洋探险队"。亨利王子去世后，身后留下了一支当时在世界上最富有经验、具备最先进技术的探险队。

时代出英雄，大航海时代造就了一批优秀的航海探险家，如，卡布拉尔远征印度航船上配备的多数都是训练有素的水手，几乎汇聚了葡萄牙大半个世纪培养出的最优秀的航海精英，其中包括元老级航海家迪亚士和达·伽马等。

约翰·卡伯特在离开威尼斯之前，已跻身于欧洲最顶尖的航海家行列，他的北美探险之路也为日后英国的探险事业培养了一大批航海家和优秀水手。

毫无疑问，大航海时代造就的一批航海家和优秀水手，以及他们所积累的丰富航海经验，成为后来邮轮产生和发展的宝贵资产。

拓展学习

1. 查询资料，了解大航海时代著名航海家的航海事迹。

2. 总结三位航海家迪亚士、哥伦布、麦哲伦地理大发现之旅的主要途经港点，并绘制对应的航线图。

3. 阅读图书《图说天下——大航海时代》，观看历史题材电视纪录片《大国崛起》中关于麦哲伦环球航行的片段。

第二节　世界邮轮发展历程

学习引导

邮轮经历了一个多世纪的发展历程，从客货混运邮轮到客运邮轮，再从客运邮轮到度假邮轮，形成了现代邮轮发展演变的基本轮廓。邮轮本身既是一种交通方式，又是旅游的目的地，具有较强的资源整合能力，因此邮轮被誉为"漂浮在海上的黄金产业"。那么，邮船如何转变为邮轮？二者之间又有什么区别呢？

知识内容

邮轮的定义是随着历史的变迁而变化的，在邮轮发展的早期，邮轮特指航行于大洋的固定航线、有定期航班的大型邮船、客船。现在，邮轮专指主要航行于各大洋上固定或不固定航线、定期或不定期的豪华客船。

一、从人货混运邮轮到客运邮轮的变迁

从人类社会的发展来看，利用船舶运送乘客的活动很早就开始了，但是在 1844 年，半岛东方蒸汽航运公司组织了从英国到西班牙、葡萄牙再到马来西亚和中国的航行，成为邮轮客运的一个标志性事件。1846 年，世界上第一家旅行社的创始人英

M1-2　从传统邮船到现代邮轮的变迁

国人托马斯·库克组织了 350 人的团队，包租了一艘邮船到苏格兰旅游，成为世界上公认的首次邮轮商业旅游活动，被视为邮轮开始作为旅游载体的标志。1904 年，半岛东方邮轮公司将"罗马"号改造为邮轮。1924 年，歌诗达邮轮公司成立，邮轮行业中产生了又一个新的重量级成员。

当然，这一时期邮轮还只是一种比较简单的海上交通工具，但是它们频繁地穿梭于海上，不仅有力地促进了远洋客轮的发展，也培育了跨洋旅行的消费市场，从而在西方发达国家很快掀起了跨洋旅行的热潮。为了满足邮轮旅行消费群体的需要，增加邮轮企业利润，船运公司开始设计和建造专门用于客运的船舶，致使邮轮的功能开始逐渐由运输邮件向乘载旅客转换。其中，最著名的就是"阿基塔尼亚"号、"利维坦"号和"泰坦尼克"号。

1901 年冬，历史上第一艘真正意义上的邮轮"维多利亚·路易斯公主"号以"避寒航行"的方式航行于地中海地区；1912 年，最豪华的远洋邮轮"泰坦尼克"号开始处女航。

1909 年 3 月 31 日，"泰坦尼克"号在北爱尔兰最大城市贝尔法斯特的哈兰德·沃尔夫造船厂开始建造，该船为美国嘉年华邮轮集团的前身——白星邮轮公司拥有。船体于 1911 年 5 月 31 日下水。"泰坦尼克"号全长约 269.06m，宽约 28.19m，吃水线到甲板的高度为 18.4m，注册总吨位为 46 328，排水量达到了当时空前的规模 66 000t。船上有 891 名船员，可以运载 2 200 名乘客，被誉为"永不沉没的轮船"。

当时，"泰坦尼克"号的奢华和精致堪称空前，被认为是一个技术成就的顶点作品。船上配有室内游泳池、健身房、土耳其浴室、图书馆、升降机和一个壁球室。头等舱的公共休息室由精细的木质镶板装饰，配有高级家具以及其他各种高级装饰，并竭尽全力地提供了前所未有的服务水平。阳光充裕的巴黎咖啡馆为头等舱乘客提供各种高级点心，三台电梯专门为头等舱乘客服务。二等舱的居住环境和休息室同样高档，甚至可以和当时许多客轮的头等舱相比。

1912 年 4 月 10 日，在英国南安普敦港的海洋码头，"永不沉没"的"泰坦尼克"号启程驶往目的地美国纽约。当时世界上最大的邮船开始了她的第一次，也是唯一的一次航行。"泰坦尼克"号的沉没极大地影响了邮轮的制造和无线电电报通信的发展，更直接影响了后来邮轮产业的发展。

随着造船技术的进步和跨洋旅行需求的增长，邮轮越造越大。从 1888 年第一艘万吨级邮轮"纽约城"号下水，到 1935 年出现 8 万吨级邮轮"诺曼底"号，前后仅经历了不到半个世纪的时间。经历了"泰坦尼克"号事件之后，"诺曼底"号和"玛丽女王"号等豪华邮轮在 20 世纪 30 年代开始了世界上最早的季节性远洋旅游业务。

二、从客运邮轮到度假邮轮的跨越

M1-3 从客运邮轮到度假邮轮的跨越

20 世纪 60 年代，航空公司开始了喷气式飞机飞越大西洋的商业性服务，使横渡大西洋由原来乘邮轮耗时数日变为几个小时，人们出门旅行变得更加方便快捷，从而使以交通为目的的客运邮轮公司感到巨大的压力。邮轮公司开始逐渐改变经营策略，开发专门以旅游为目的的邮轮度假消费项目，实现客运邮轮到度假邮轮的转变。

由于受客源规模的限制，这一时期的邮轮以 3 万吨以下的中、小型邮轮为主，没有出现大吨位、超大型邮轮的竞争，但邮轮内部设施和服务水平的竞争却是愈演愈烈，促使其不断朝着现代化、时尚化方向发展，内部设施和装饰的豪华程度、服务功能和服务水平完全可以和陆地上的高星级豪华酒店相媲美。

例如：联邦德国 1969 年建造的"汉堡"号旅游专用邮轮，总吨位 25 002，速度 22 节 ❶，定员游客 600 人，邮轮共 8 层，上 3 层和下 2 层为公用活动舱，设有日光浴甲板、散步甲板、露天游泳池、室外运动场、俱乐部、酒吧、体育活动室、儿童活动室、会客室、游艺室、剧场、教堂、图书馆、美容室、餐厅购物中心、医疗保健室、蒸汽浴室、按摩室、室内游泳池等，城市居民日常生活的各种需要几乎都能得到满足。

邮轮从客运邮轮到度假邮轮的转变，实际就是邮轮由近代向现代的转变，而实现这种转变的关键是邮轮功能的变化。近代邮轮只是一种海上客运的交通工具，船上设施比较简陋；现代邮轮往往从出发港口又回到出发港口，已经没有了客运的功能，其主要特点有：

① "浮动的度假中心"。提供娱乐设施、住宿、食品、饮料等服务，还提供充实客人停留时间的活动。

② "移动的微型城镇"。能提供包括水、电、垃圾处理、固定及移动电话、有（无）线电视、网络、医疗保健、急救、图书阅览等各类市政服务。

③ "无目的的目的地"。游客在船上可以充分享受海洋、海风、日光带来的惬意，还可以到各沿海国家上岸观光购物，领略各国风光，感受各地民俗风情。

进入 20 世纪 90 年代，度假邮轮终于迎来了"黄金发展期"。新型的、吨位更大的、技术更先进的邮轮陆续投入使用。

1996 年，嘉年华邮轮公司的"命运"号邮轮下水，其总吨位为 10.13 万，船长 272.2m，可载 2 642 名乘客，称霸当时的游轮业。

1999 年皇家加勒比游轮公司首次启航的"海上航行者"号；总吨位为 13.73 万，船长达 311.1m，可载乘客 3 840 名。

2005 年"海洋自由"号正式投入使用，该邮轮总吨位为 15.8 万，船长 339m，宽 56m，高 72m，可容纳 4 375 名乘客。

2007 年与"海洋自由"号有姐妹船之称的"海洋解放"号正式投入使用。该邮轮总吨位 16 万，可容纳 4 375 名乘客，又成为当时世界上最大的邮轮。

2009 年、2010 年皇家加勒比游轮公司姐妹船——"海洋绿洲"号和"海洋魅力"号相继下水，这两艘邮轮的总吨位都达到 22 万，长 360m，宽 65m，高 72m，可乘载 6 000 名乘客，堪称是一座"旅行的城市"，成为当时世界上最大的邮轮。

2016 年世界最大邮轮的纪录又被"海洋和谐"号邮轮改写，其总吨位达 22.7 万，船长约 362m，可载游客 6 000 名。

2018 年皇家加勒比游轮有限公司"海洋交响"号邮轮下水，其总吨位达到 23 万，船长 362m，可载游客 6 780 名，另有员工 2 200 名。

拓展学习

观看《泰坦尼克号》电影，或上网搜索相关影视资料，了解当时邮轮的发展情况。

---

❶ "节"的含义是每小时行驶 1 海里，1 海里 =1852m。

第三节　现代邮轮产业影响

M1-4　现代邮轮产业的形成

学习引导

　　对许多中国人来说，邮轮产业是个新概念，但是在西方发达的沿海国家，这一产业的发展已经有半个世纪的历史了。现代邮轮产业是以邮轮旅游产品为核心，邮轮母港与停靠港为依托，由交通运输、船舶制造、港口服务、旅游观光、餐饮、娱乐、购物、银行保险等组成的产业体。从旅游产业链角度来看，邮轮抵达之前、抵达、停靠、离开邮轮码头所引发的一系列产品与服务的交易，都属于邮轮业范畴。因此，邮轮产业具有较强的资源整合能力。邮轮产业对经济、社会、环境必然会造成影响，这些影响既有积极的也有消极的，既有正面的也有负面的。

知识内容

一、现代邮轮产业的形成

　　从历史的进程上看，邮轮产业的形成与发展经历了三个主要阶段，即转型过渡期、成长拓展期和繁荣成熟期。

　　第一阶段：转型过渡期（20世纪60年代末—70年代初）。

　　20世纪60、70年代，喷气式飞机广泛地被运用于民航飞行，由于喷气式飞机速度更快、更安全，也更舒适，于是成为欧美航空业界跨洋客机的首选，使原来习惯于乘坐邮轮跨洋旅行的消费者越来越多地选择飞机出行，致使传统的邮轮产业发生剧烈变化。20世纪60年代初期，每年往返于欧美大陆横跨大西洋的客运班轮的客运量超过100万人次，70年代初期一度下降到每年25万人次左右。

　　在航空客运业的强力冲击下，经由业务功能转型、运营模式创新和市场重新定位，邮轮旅游已经从原来海上客运业淡季时的补充性业务，成长为规模庞大的现代专业旅游业务活动，即促使了邮轮由以交通服务为主向以休闲旅游服务为主转型。

　　第二阶段：成长拓展期（20世纪80年代—90年代中期）。

　　随着人们对现代邮轮认识的逐渐提升，邮轮市场出现了日益丰富的旅游产品，市场得以拓展，行业发展进入成长阶段。在此期间，云顶香港有限公司于1993年进入亚洲市场，通过收购，该公司同时在北美、欧洲和亚洲全球三大区域市场开展业务，成为世界第一家真正的全球性邮轮公司。

　　第三阶段：繁荣成熟期（20世纪90年代中晚期至今）。

　　最早进入邮轮发展繁荣成熟期的区域是北美及欧洲一些地区。这一时期，全球性邮轮公司不断投入新船，邮轮服务种类繁多，市场分割加剧，竞争趋于激烈。邮轮航线的平均航程达到6～8天，停靠目的港不断增多，航线安排灵活多样，游客消费价格逐年下降，行业集中程度增高，行业经营的规模效益明显，进而开辟了邮轮旅游向游客大众化和年轻化方向发展的通道，越来越多中等收入的游客成为邮轮产品的消费者。

现代邮轮是个复杂的产业。其复杂性主要表现在：

① 邮轮产业包括所有旅游行业的关键元素（酒店、娱乐、观光旅游及交通）；

② 邮轮产业包括全球航运业最复杂的元素（航行、安全、造船及维护、相关政策关系）；

③ 涉及全球化的人力资源管理（招聘及培训涉及 100 多个国家的船员）；

④ 需要在不同国家市场进行产品营销、促销、公共关系处理；

⑤ 涉及环境保护，尤其是对于海洋管理及生态敏感的旅游目的地；

⑥ 邮轮产业的运营受其他不受控制的因素的影响，诸如燃油价格及供应量、旅游目的地政局的稳定性、影响航班的气候及航海因素、邮轮母港及目的地的基础设施、港口规定及船籍的相应规定等。

所以，邮轮产业的运行与发展能拉动相关产业的发展，形成多产业共同发展的邮轮经济现象。

二、邮轮业对经济的影响

邮轮产业依托母港、停靠港及港口所在城市资源，向上下游领域延伸，形成了覆盖船舶制造、港口服务、后勤保障、交通运输、游览观光、餐饮购物和银行保险等行业在内，跨区域、跨行业、多领域、多渠道的产业链。由于邮轮产业能以 1:10 的高比例带动多产业协同发展，因此也被誉为"漂浮在水上的黄金产业"。

邮轮业对经济的积极影响是显而易见的，主要表现在以下四个方面：

1. 增加当地经济产值

邮轮的耗费巨大，大致分为两部分：

一部分是船舶本身的消费，如邮轮建造维修费用、日常经营费用、油料添加费用、码头泊位使用费、进出港引航费用、船上消费品采购费用、淡水添加费用等。邮轮建造业是国际邮轮产业产生经济贡献的重要组成部分，也是行业垄断性极高的产业环节，一直被欧洲市场高度垄断，为欧洲邮轮产业发展提供了良好的基础。2017 年，欧洲地区邮轮市场的总产值贡献为 500.9 亿美元。

另一部分是游客及船员的消费，包括饮食（餐馆、酒吧、快餐店）、区域内交通（公共汽车、出租车、轮渡）、观光游览、娱乐（剧院、歌舞厅）、景点参观（博物馆、主题公园、动物园）、购物等。从一组国外发布的调查数据中可以看出，无论是邮轮本身还是船上人员的消费量都是惊人的。通常邮轮公司每年要购买价值超过 6 亿美元的食品和饮料。一艘大型邮轮一周的航行大约要消耗掉 5 000 箱葡萄酒和香槟。在一艘设备齐全的大型邮轮上，体育馆和健身疗养中心每年的消耗约为 50 万美元。在正常情况下，一艘大型邮轮需携带价值达 300 万美元的零部件。

邮轮产业的产值直接进入当地经济的总产值，在数值上等于提供邮轮消费的其他产业的收益。

2. 增加政府的收入

邮轮旅游业的发展可以扩大政府的税源，增加政府的收入。其税收来源包括：

来自旅游者的税收，如签证费、海关税、机场税、消费税等；来自邮轮企业、旅游企业的营业税和所得税以及各种执照费等；来自邮轮从业人员的个人所得税等。

3. 扩大就业机会

邮轮旅游业属于劳动密集型行业，就业岗位层次众多，许多工作并没有很高的技术要求；另外，邮轮在母港需要添加补给、油料、淡水，处置废品，接受港口服务，进行维护与修理等，这些都能给区域带来新产业、新商机，提供较多的就业岗位。

4. 带动相关产业的发展

邮轮旅游消费直接投向餐饮、住宿、交通、游玩、购物、娱乐等方向，间接影响的有金融、保险、通信、医疗、农业、环保、印刷等部门。邮轮旅游者的消费需求要求必须提供足够的设施、设备和消耗物资，邮轮旅游业也因此成为许多其他行业产品的消费市场，从而刺激和促进这些行业生产规模的扩大发展。

另外无可讳言，邮轮对区域经济也会带来一些消极的、负面的影响。邮轮游客一般有很强的消费能力，能以较高的价格来购买食、宿、行中所需要的物品，所以难免会引起旅游地的物价上涨，这势必会影响当地居民的经济利益。因此如果一个国家和地区的经济过分依赖邮轮旅游，将会影响国民经济的稳定。

三、邮轮对社会文化的影响

在现代旅游发展的初级阶段，人们的关注目光主要投向旅游所带来的主导效益，即经济上的作用，而较少注意到旅游的整体效益，尤其是旅游的社会文化影响。实际上，旅游对目的地以及全人类的社会文化具有不可忽视的影响。那么，邮轮业对社会文化的影响体现在哪些方面呢？

首先，邮轮业对社会文化的积极影响表现在：

1. 提升旅游地居民的素质

根据居民与当地旅游业的关系，可以将居民分为两大类，一类是参与当地旅游的活动者，另一类是非参与当地旅游的活动者。参与旅游活动的居民出于职业等方面的需要，大部分会积极提高自身素质，以适应当地旅游业发展的需要。另外一部分居民虽然与当地旅游业关系并不密切，但是在政府相关政策和各类媒体宣传的影响下，也会有意识地提高自身素质。

2. 促进休闲娱乐方式多样化

每个地区的居民都有自己独特的地域文化，大量旅游者的到来，会对当地的休闲娱乐活动产生很大的影响。与传统娱乐设施相比，邮轮旅游设施设备更加先进，在保留传统服务项目的同时，也增设了很多新的服务项目。除了对传统的娱乐活动进行革新之外，为了满足旅游者的消费需要而建设的咖啡厅、酒吧、购物广场等，也逐渐吸引当地居民及游客去休闲娱乐。

3. 推动当地社会文化的对外交流

很多地方有着丰富的社会文化资源，这些资源涵盖宗教、美食、民俗、书画、园林、水利等多个领域。随着邮轮旅游的发展，社会文化得以在不同地区、不同民族、不同国度之间进行展示和传播，另外，有很多人以旅游者的身份体验当地的社会文化，这些都对社会文化对外交流起到很大的推动作用。

4. 有利于民族传统文化的继承与保护

了解和体验不同文化是旅游者的主要动机之一，因此，旅游目的地在旅游开发中就有可能重视民族传统文化的继承和保护，力求保持民族传统文化的原真性，以增强旅游地的吸引力。一些原本濒临失传的文化遗产在旅游发展的推动下，又重新受到重视。

5. 有利于社会文化的现代化

社会文化的现代化，一方面是指物质层面的现代化和科学技术水平的提高。接待地会通过不断改善自己的物质条件，增加新的文化设施，优化文化环境吸引旅游者，同时，在旅游发展过程中，一些领域对科学技术水平提出了更高的要求，如与旅游发展密切相关的领域，包括交通运输工具、通信以及旅游服务设施和设备等。

社会文化现代化的另一方面是指观念的现代化。在旅游活动中，来自发达地区的旅游者势必会将其长期生活环境中的一些观念和习惯带至旅游地，这将直接影响当地居民的生活习惯、思维方式、社会观念等。

当然，邮轮业除了对社会文化有积极的影响，还有消极的影响，主要表现在以下几个方面。

1. 社会道德水平的部分下降

大众化旅游对社会道德规范有所影响，既有好的"示范效应"，也有不良的"示范效应"。国外游客带来的文化及其生活方式对旅游地文化的冲击，可能导致部分当地居民否定甚至抛弃自己的文化传统。特别是有些年轻人，开始对自己的传统生活方式感到不满，从不伦不类地模仿外来的文化继而发展到有意识地追求，从而影响社会秩序。

2. 旅游地文化的商品化和庸俗化

为了满足游客对旅游商品的需要，旅游经营与管理者便以商业需求为产品开发的原则，大量粗制滥造旅游商品，当地固有的民族文化也被不适当地包装在商品上并大量销售，艺术与文化的神圣性受到侵犯，使本地文化失去原有的意义和价值，并向着庸俗的轨道倾斜，游客不能真正汲取本地文化的精髓，也损害了当地文化的形象。

3. 诱发主客矛盾

在开展邮轮旅游的过程中，伴随旅游者与当地居民接触的日益频繁，就不可避免地造成一些心理上的冲突和矛盾，尤其是对当地居民来说，这种不适和矛盾会更明显。如当一个度假区出现游客过度拥挤现象时，或者游客行为太过粗鲁以至于对当地居民的日常生活造成影响时，居民就会产生抱怨的情绪，常会听到的抱怨有：个人隐私曝光、停车场不足、塞车、拥挤、噪声、环境变脏、垃圾增多、当地物价上涨等。

四、邮轮对环境的影响

大自然的优美资源以及多姿多彩的社会环境是吸引人们外出旅游的一个重要的原因，旅游业的发展离不开良好的环境。随着世界各地的旅游开发与建设，越来越多的旅游环境得到美化。

1. 邮轮业对环境的积极影响

主要表现在以下四个方面：

（1）使历史建筑和古迹遗址得到维护、恢复和修整

旅游资源是旅游业的物质基础和得以发展的条件，更是吸引游客的首要资源条件。因此，旅游资源开发必然涉及对各类自然资源以及历史建筑和古迹遗址的开发和保护，力求将最有价值的景观资源呈现在游客面前。随着旅游业竞争的加剧以及各国对旅游业的重视，各国政府将积极增加资金投入，这些都将有利于使历史建筑和古迹遗址得到维护、恢复和修整。

（2）使港口和周边综合体以及相关设施的数量得以增加

邮轮旅游是高层次的消费。随着人们生活水平的提高，旅游的人数越来越多，并且游客在旅游的非基本消费方面的支出也越来越多。因此，为了满足这种旅游需求，旅游目的地汇聚了多家休闲和娱乐场所以及相关设施。

（3）使道路、交通运输服务等旅游基础设施得以改善

旅游的基本特征之一是存在空间位移，而要实现空间位移只能依赖于交通。旅游交通是旅游活动的必要条件，是旅游业生存和发展的前提之一。所以随着旅游活动的开展，道路、交通运输服务等旅游基础设施将逐步得以改善。

（4）使旅游目的地的环境卫生得以重视和维护

旅游的发展使得旅游目的地意识到环境对于旅游发展的重要性，从而通过减少空气污染、水污染、噪声污染、垃圾倾倒及随意摆摊设点，增加绿化率等行为，提升环境卫生的质量。

2. 邮轮对环境的消极影响

旅游业发展的要求使大批旅游资源所在地被开发成旅游景点，吸引众多旅游者。但开发不当以及不合理的旅游活动又会引起环境破坏和生态系统失衡。一旦消极效应出现，旅游环境日益恶化的现实必然会导致资源的容纳能力下降，影响旅游者的游兴，抑制旅游业的发展。

那么，邮轮业对环境的消极影响主要表现在哪些方面呢？

邮轮拥有大量的乘客和船员，产生的废水、固体废物和废气排放，超过世界上任何其他的船只。一份美国国会研究报告估计：全世界船只产生的固体垃圾24%来自邮轮。

此外，由于邮轮航线趋向于集中在同一地理区域并行驶相同的航线，所以对局部的累积影响是极其显著的，加之邮轮潜在的或事实的意外排放，对环境确有严重的影响。

当今，世界邮轮经济处于高速发展时期。世界各地凡具有一定条件的港口几乎都在开发和建设邮轮港口，以挖掘和扩大邮轮产业对城市经济的带动效应。尽管邮轮产业对城市经济发展的贡献毋庸置疑，但是在能耗和环保日趋成为经济发展瓶颈的今天，强调邮轮产业发展的绿色指标，诸如资源消耗、生态平衡、环境保护、卫生防疫等就显得尤为迫切。因此，在大力提倡发展邮轮经济的同时，必须考虑其对社会产生的污染危害，采取及时、可靠的应对措施。

拓展学习

阅读邮轮经济的相关图书和资料（如论文、新闻报道、网站资讯等）。

第四节　西风东渐邮轮潮

学习引导

　　纵观全球邮轮旅游市场，虽然国际邮轮旅游市场主要集中在北美和欧洲，两地区的发达国家占了市场的最大份额，但随着国际邮轮产业将发展重点转向亚洲尤其是中国这一新兴市场，亚太市场无可争议地成为国际邮轮市场的新贵。

　　想一想，国际邮轮市场是如何分布的？有哪些特点？我国邮轮产业为什么会进入快速发展时期？

知识内容

一、国际邮轮市场概览

　　按照传统，全球邮轮消费市场大致可分为北美、欧洲、亚太和世界其他区域四大地区。北美市场是邮轮旅游发展繁盛的发源地，一直在世界邮轮旅游市场中占据最重要的位置。北美市场拥有众多运营优良的邮轮码头、覆盖面广泛的邮轮产品销售网络和群众对邮轮产品广泛的认同，市场仍具有发展潜力。近年的统计数据表明，北美市场份额仍为全球各地区之首，尤其是加勒比海地区，是全球邮轮市场最具吸引力的区域，2017 年，占据全球邮轮市场收入的 35% 以上，位居全球第一。欧洲是紧随北美之后的全球第二大邮轮消费市场。2017 年，欧洲（包含地中海地区）邮轮市场收入占比达 27%（其中地中海地区 15.5%，地中海以外地区 11.5%），位居全球第二。尽管前些年发生的金融危机对该地区的旅游市场造成了严重冲击，但邮轮却成为旅游消费市场中的一颗耀眼的明珠，有着很大的发展潜力。

　　亚太地区是世界邮轮市场中较年轻但发展最快的一个分区，增长速度已经高于世界平均值，市场收入增长率居全球首位，达到 20% 以上，成为重要的邮轮旅游目的地之一。

　　按照邮轮旅游的航域，亚太地区可划分为三大分区：南太平洋分区（澳大利亚、新西兰等）；东南亚分区（马来西亚、菲律宾、新加坡、越南等）；东北亚分区（中国、日本、韩国等）。

　　20 世纪 80 年代，"玛苏丽公主"号邮轮首次开设了以马来西亚、泰国和印尼为目的地的航线，亚太地区邮轮旅游就此发端。现在，亚太邮轮旅游发展呈现出东南亚、澳新、远东共同繁荣的局面。

　　东南亚是亚太邮轮航域的中心地带，很长时间以来，东南亚的热带海岛在邮轮产品名录中就是亚太地区的代名词，该地区高效的邮轮港口极大地推动了东南亚地区邮轮旅游的发展；澳新地区是相对独立的邮轮航域，有着自成一体的市场特征，航线的设置多在澳新地区和大洋洲诸岛，市场发展比较完善；远东地区是发展较快的分区，主要表现为中国邮轮港口基础设施的兴建和客源市场的发展。

二、快速发展的中国邮轮产业

我国邮轮旅游区域跨东北亚和东南亚两个大区，不仅是亚洲夏季邮轮航线的重要起始港和目的地，也是冬季邮轮航线的重要停靠点，同时还是全球环游世界航线的必经之地。中国作为国际邮轮经济带上的新兴节点正备受各国邮轮公司的关注。嘉年华邮轮公司、皇家加勒比游轮公司、丽星邮轮公司相继开辟了由中国港口出发的东北亚和东南亚新航线，邮轮业在中国蓄势待发。

中国邮轮产业的发展，离不开中央政府和各级地方政府的大力扶持。政策助力使我国邮轮产业驶入了快车道（表1）。

表1　2017年以来中国各相关部门发布的邮轮鼓励政策

发布单位	发布日期	政策法规名
国务院	2017.2.28	《"十三五"现代综合交通运输体系发展规划》
	2017.3.31	《中国（辽宁）自由贸易试验区总体方案》
	2017.3.31	《中国（浙江）自由贸易试验区总体方案》
	2018.3.22	《关于促进全域旅游发展的指导意见》
	2018.4.11	《关于支持海南全面深化改革开放的指导意见》
	2018.5.24	《进一步深化中国（广东）自由贸易试验区改革开放方案》
	2018.5.24	《进一步深化中国（天津）自由贸易试验区改革开放方案》
	2018.5.24	《进一步深化中国（福建）自由贸易试验区改革开放方案》
	2018.10.11	《完善促进消费体制机制实施方案（2018—2020年）》
	2018.10.16	《中国（海南）自由贸易试验区总体方案》
交通运输部	2017.5.23	《深入推进水运供给侧结构性改革行动方案（2017—2020年）》
	2017.7.17	《加快推进津冀港口协同发展工作方案（2017—2020年）》
	2017.9.26	《智慧交通让出行更便捷行动方案（2017—2020年）》
	2018.1.22	《关于加快推进旅客联程运输发展的指导意见》
	2018.4.8	《交通运输部关于推进海南三亚等邮轮港口海上游航线试点的意见》
	2018.9.27	《关于促进我国邮轮经济发展的若干意见》
国家发展改革委	2017.2.10	《北部湾城市群发展规划》
	2017.5.4	《全国海洋经济发展"十三五"规划（公开版）》
	2017.6.13	《服务业创新发展大纲（2017—2025年）》
	2017.11.20	《增强制造业核心竞争力三年行动计划（2018—2020年）》
工业和信息化部	2017.1.12	《船舶工业深化结构调整加快转型升级行动计划（2016—2020年）》
文化和旅游部	2018.4.19	《关于在旅游领域推广政府和社会资本合作模式的指导意见》

2006年，只有1艘邮轮在我国开通母港航线，出游不到2万人次。随着我国旅游业的快速发展，邮轮旅游作为新兴休闲度假方式越来越受到消费者的喜爱。据中国邮轮产业发展大会发布的统计数据显示，2019年上半年，全国沿海13个邮轮

港（上海、天津、厦门、广州、深圳、海口、青岛、大连、三亚、连云港、温州、威海、舟山）共接待国际邮轮 364 艘次，邮轮出入境旅客合计 1 777 140 人次。其中，母港邮轮 322 艘次，访问港邮轮 42 艘次。10 多年来，邮轮这一被誉为"漂浮在水上的黄金产业"在中国经历了从无到有的历程，邮轮数量与旅客人数连年攀升。2017 年以来，尽管我国邮轮市场开始进入调整期和冷静期，但仍是亚洲最大的邮轮客源国市场，邮轮旅游规模居亚洲首位，市场份额占 67.8%。

在国家推进邮轮快速发展的大背景下，地方政府也高度重视邮轮旅游产业的发展，纷纷出台鼓励邮轮旅游产业发展的政策、法规与规划。海南、福建、上海等沿海省市纷纷出台了鼓励邮轮游艇产业发展的政策和项目，极大地推动了当地邮轮游艇产业的发展。

此外，部分大型国有企业，如招商局集团、中国旅游集团和中国交通建设集团等也积极响应国家扶持邮轮旅游业发展政策，出台了邮轮产业发展规划。

2016 年 4 月，中国交通建设集团、中国旅游集团和中国远洋海运集团签署合作协议，成立邮轮发展公司。2014 年以来，广之旅、港中旅等传统旅行社龙头企业和携程、同程、驴妈妈等新兴在线旅游企业纷纷成立邮轮旅游事业部。

为了更好地促进邮轮旅游业的发展，追上世界发展步伐，文化和旅游部正在创新旅游合作机制，积极落实邮轮旅游便利通关政策。

中国是海洋大国，邮轮旅游的发展需要有与之相适应的邮轮文化。文化和旅游部相关负责人表示，将加强邮轮旅游科普力度，不断向人民群众传递正确的邮轮文化知识，让其了解产品优势进而分享邮轮游艇旅游的幸福。

拓展学习

登录中国交通运输协会邮轮游艇分会的"中国邮轮网"，查阅"邮轮资讯"，了解我国邮轮产业的最新宏观概况。

思考练习

一、单项选择题

1. 以（   ）为代表的欧洲水手们，拉开了大航海时代的帷幕。
A. 英国、法国　　　　　　　　B. 意大利、德国
C. 西班牙、葡萄牙　　　　　　D. 英国、西班牙

2. 1488 年，迪亚士发现了（   ）。
A. 合恩角　　　　B. 好望角　　　　C. 印度洋　　　　D. 太平洋

3. 大航海时代发生在（   ）。
A.13 至 14 世纪　　B.13 至 15 世纪　　C.15 至 17 世纪　　D.16 世纪

4. 邮轮建造业是行业垄断性极高的产业环节，一直被（   ）高度垄断。
A. 欧洲市场　　　B. 亚洲市场　　　C. 美洲市场　　　D. 中国

5.（   ）是亚太邮轮航域的中心地带。
A. 中日韩　　　　　B. 东南亚　　　　C. 南亚　　　　D. 澳新地区

二、多项选择题

1. 邮轮产业包括（　　　　　）。

A. 邮轮设计、制造与维修，邮轮公司经营

B. 邮轮码头建设与码头服务

C. 观光旅游、文化娱乐、商业购物、餐饮住宿

D. 交通运输、金融保险

2. 国际上，邮轮产业基本上划分为三个环节：（　　　　　）。

A. 邮轮的设计与建造　　　　　　　　B. 邮轮旅游文化的宣传

C. 邮轮本身的经营　　　　　　　　　D. 码头区域的配套建设

3. 以下哪些是邮轮业对经济的积极影响：（　　　　　）。

A. 增加当地经济产值　　　　　　　　B. 增加政府的收入

C. 扩大就业机会　　　　　　　　　　D. 带动相关产业的发展

4. 旅游对社会文化的积极影响有（　　　　　）。

A. 加强民间了解、民间外交　　　　　B. 推进文化交流、维护世界和平

C. 促进民族文化的保护和发展　　　　D. 促进旅游地文化的商品化

5. 现代邮轮可以实现哪些功能？（　　　　　）。

A. 观光　　　　　　　B. 餐饮住宿　　　　　C. 娱乐　　　　　D. 探险

三、判断题

1. 20 世纪 60 年代飞机逐渐替代邮轮进行跨洋运输。　　　　　　　　（　　）

2. 现代邮轮是专门用于旅游休闲度假的豪华船舶。　　　　　　　　　（　　）

3. 邮轮本身既是一种交通方式，又是旅行的目的地，具有较强的资源整合能力，因此邮轮被誉为"漂浮在水上的黄金产业"。　　　　　　　　　　　　　　（　　）

4. 现代邮轮是从邮件运输船舶演化而来的。　　　　　　　　　　　　（　　）

5. 目前邮轮旅游价格越来越昂贵，往大众化、年轻化发展。　　　　　（　　）

第二章 邮 轮

学习目标

知识目标

1. 认识邮轮的特点、类型，能把邮轮与游轮、游船、游艇等区分开来；

2. 熟悉现代邮轮的主要衡量指标，能通过邮轮的长度、宽度、楼层、载客量、吨位等进行区别；

3. 熟悉邮轮内部空间构造；

4. 了解邮轮等级分类。

技能目标

1. 条理清楚的逻辑分析与语言表达能力：能说出邮轮上各种设施的名称和主要功能；

2. 能通过互联网，收集整理一艘邮轮的资料，系统地介绍该邮轮的各种典型设施；

3. 会利用电脑（办公软件）和互联网，提升查阅资料、自主获知并应用、处理信息的能力。

素质目标

通过比较和观赏典型豪华邮轮、了解邮轮的发展变化历程，体会人类不断创造、追求梦想的精神，融入勇于创造、奋斗的民族精神。

第一节 邮轮的基本参数和概念

M2-1 邮轮的
基本参数指标

学习引导

现代邮轮就像是流动型的大型酒店，船上娱乐设施应有尽有，很多游客把邮轮当作旅游目的地。而邮轮规格的大小会影响到设施设备的配备，规格较大的邮轮拥有宽敞的住宿空间、多样的就餐环境和丰富的娱乐活动项目，而规格较小的邮轮则可以集中精力为游客提供优质的服务和独特的航行体验。尽管规格大小不一样，但是，现代邮轮的主要结构大同小异，业界也常用一些衡量指标来衡量邮轮的等级和规格。

在中国，人们已习惯于把主要航行在海上的跨国豪华客轮叫邮轮，而把航行于内河或国内海面上的豪华客轮叫游轮。那么，邮轮的基本参数指标有哪些呢？它与游轮、游艇有什么区别呢？

 知识内容

一、邮轮的基本参数指标

1. 邮轮的主尺寸

现代邮轮的规格大小可以用长度、宽度、水面高度和吃水深度等主尺寸来进行衡量。

（1）邮轮长度

表示邮轮从首端到尾端的最大水平距离。如目前世界上最大、最豪华的邮轮——"海洋绿洲"号，长 1 180 英尺（约合 361.8m），至少有 3 个足球场那么长，要比"泰坦尼克"号大 3 倍多。而"海洋绿洲"号邮轮的姐妹船"海洋魅力"号的长度也达到了 361m。

（2）邮轮宽度

表示邮轮的型宽，通常是邮轮最宽地方的尺寸。如"海洋绿洲"号邮轮最宽处是 63.4m，"海洋魅力"号邮轮最宽处达到了 66m。

（3）水面高度

表示邮轮顶部至船体与水面相连处的垂直距离。如"海洋魅力"号邮轮水面高度达 72m，相当于二十几层楼的高度。

（4）吃水深度

表示邮轮底部至船体与水面相连处的垂直距离。吃水深度用来衡量邮轮在水中的位置，同时间接反映邮轮在行驶过程中所受到的浮力。邮轮的吃水深度越大，表明船体载重能力越大。

载重量大的船吃水较深，在航行中受风浪影响较小，反之载重量小的船则容易受风浪影响而摇摆；船舶吃水越深，在靠岸的停泊点选择上就越不容易，因为相应地，就需要航道、港池、泊位有足够的水深。

2. 邮轮的吨位

衡量邮轮大小通常用满载排水量和登记吨位表示。登记吨位也称容积吨，分为总吨位和净吨位。

满载排水量指船舶吃水达到规定的满载水线时的排水量。满载排水量等于船舶满载时的总重量，是衡量邮轮大小的重要指标。

总吨位（gross tonnage，GT）是指按照规范丈量所得的船舶内部容积的总和，一吨位等于 100 立方英尺（或 2.83m³）。总吨位可以表示船舶规模大小，多用于船舶登记和检验等。

净吨位（net tonnage，NT）是从总吨位中减去不能用于载运客货的容积后的船舶有效容积。净吨位一般作为交付船舶税、港口使费、引水费、码头费、代理费等的计算基准。

3. 邮轮的容量

一般情况下，邮轮容量是从载客数量和客舱数量的角度进行描述的。按照载客

的数量，可以简单地将邮轮划分为大型邮轮（2 000人以上）、中型邮轮（1 000～2 000人）和小型邮轮（1 000人以下）三种类型。

除了载客量的大小，业界还会根据邮轮所拥有的舱房数量来衡量邮轮接待能力的大小，一般情况下，大邮轮的舱房比较多，中小邮轮次之。

4.邮轮的空间比率

很多人认为吨位大、船体大的邮轮更舒适，这种看法其实不一定准确，实际上，邮轮的空间比率才是体现邮轮真正价值的重要标尺。邮轮的空间比率表示的是邮轮上人均享有的自由伸展空间，也是衡量邮轮舒适度的重要指标。

邮轮的空间比率是指邮轮的注册吨位数与邮轮的载客数量之比，计算方法是：空间比率=注册总吨位/标准载客量。

例如，一艘邮轮总注册吨位是120 000，标准载客量是2 000人，其空间比率就是120 000÷2 000=60。

大多数邮轮的空间比率为20～40，最低值为8，最高值约为70。要注意的是，空间比率不一定与邮轮的大小互为正关联，空间比率也不是唯一传达邮轮宽敞度的指数。一般情况下，空间比率的数值越大，邮轮的宽敞和舒适度就越高，船上的娱乐休闲场地也就越多，服务也就越丰富。国际豪华邮轮最突出的特点就是空间比率较高，一艘国际豪华邮轮的空间比率的数值一般在30以上。

5.邮轮的船龄

与一瓶好酒不同，邮轮不会随着船龄的增长而变得愈发迷人。除非好好地维护并且不断地改进，否则不用多久，船就会落伍。所以，很多邮轮公司都在不断地新建和翻新自己的船舶，以此来满足人们不断提高的需求。

船龄是邮轮自建造完毕时起计算的使用年限，它在某种程度上表明邮轮的现有状况，因此，在有关船舶和海上运输的交易中是一个重要的考虑因素。根据我国交通运输部颁布的《老旧运输船舶管理规定》，不同类型的船龄规定如表2。其中，根据规定，我国国内运营邮轮的船龄应小于30年。

表2　海船的船龄标准

船舶类别	具体类别	购置、光租外国籍船船龄	特别定期检验船龄	强制报废船龄
一类船舶	高速客船	10年以下	18年以上	25年以上
二类船舶	客滚船、客货船、客渡船、客货渡船（包括旅客列车轮渡）、旅游船、客船	10年以下	24年以上	30年以上
三类船舶	油船（包括沥青船）、散装化学品船、液化气船	12年以下	26年以上	31年以上
四类船舶	散货船、矿砂船	18年以下	28年以上	33年以上
五类船舶	货滚船、散装水泥船、冷藏船、杂货船、多用途船、集装箱船、木材船、拖轮、推轮、驳船等	20年以下	29年以上	34年以上

二、邮轮、游轮、游船、游艇和油轮的区别

邮轮、游轮、游船、游艇和油轮，只一字之差，但是意思却相去甚远，很多游

客对于这几种船的认知也非常模糊，那么，它们到底有什么区别呢？

1. 邮轮

邮轮的原意是指海洋上定线、定期航行的大型客运轮船。"邮"字本身具有交通的含义，那时候由于飞机还不太普遍，到大洋彼岸的人和邮件都需要通过这种大型客船来运输，所以称之为"邮轮"。

M2-2 什么是邮轮

随着现代航空运输业的发展，飞机比邮轮更快捷，替代了原来邮轮运输的职能，邮轮从此退出了运输业舞台，改变了原始功能，成为游客度假休闲的运输工具，客人们可以在邮轮上面边娱乐边航行至目的地。现在所说的邮轮，实际上是指在海洋中航行的旅游客轮。现代邮轮和原意邮轮的区别，不在于船体大小，而在于两者的定位根本不同。原意邮轮是海上客运工具，它的定位是把旅客运送到大洋彼岸，它的生活娱乐设施也是为了给旅客提供舒适的行程和解闷；而现代邮轮本身就是旅游目的地，其生活娱乐设施是海上旅游中一个重要的组成部分，靠岸是为了观光或完成海上旅游行程。

2. 游轮

邮轮主要是在海洋航行，一般目的地都是出国，而很多国家的江河流域比较广泛，所以有设置在江河游览的旅游大型船只，即游轮。

游轮主要是在各个国家内的大型河流中行驶，主要用来运输或者观光，娱乐性没有邮轮那么强，吨位也相对没有那么大。游轮相比规模庞大的邮轮，更为小众且私密，而且可以随处靠岸，上岸即可游玩，无须再舟车劳顿前往目的地，非常方便。高端游轮上的服务及设施也专业，堪比五星级酒店。目前全球可以航行游轮的河道主要为欧洲的多瑙河、莱茵河、伏尔加河，非洲的尼罗河，南美洲的亚马孙河，美国的密西西比河以及中国的长江等。

"邮轮"和"游轮"常常被人们通用，其实二者有着较大的差异，具体表现在：

（1）旅游路线的远近不同

邮轮：不受航距限制，能够横跨各大洋，所以邮轮基本是跨国游。

游轮：出行距离比较近，旅途主要为河流、湖泊、近海区域，通常不会横渡海洋，而是以绕圈的方式，起点和终点一致。

（2）旅程时间长短不同

邮轮：旅程时间更久，有4~5天、半个月甚至两三个月的航程。

游轮：旅程时间通常比较短，一般一两天，长则一两个星期。

（3）功能、载重量和服务标准不同

邮轮更像是一个流动的五星级大酒店，有豪华的装饰和齐全的设备，游客可以在邮轮上娱乐、休闲、运动。

游轮相较于邮轮设施较为简陋，一般船体较小，载客量不多，娱乐活动相对有限。

3. 游船

可以理解为比游轮还要小的客轮，一般在较小的河道、湖泊中，可短途带客人游览，这样的船只上一般没有住宿的设施，只有供游客简单休息的设施。

4. 游艇

豪华游艇是一种用于水上娱乐的高级耐用消费品。它集航海、运动、娱乐、休闲等功能于一体，满足个人及家庭享受生活的需要。游艇可分为休闲型游艇和商务游艇。商务游艇一般都是大尺寸的游艇，里面装潢豪华，也可以说是豪华游艇。

依国际标准，小型游艇是指全长在 6 ～ 10.5m 之间的游艇。小型游艇大多为家庭购买，作为家庭度假休闲所用，设计时考虑家庭使用的方便性，装潢时也以烘托家庭氛围为卖点，市场上游艇的种类也是以此类为主。

5. 油轮

油轮（oil tanker、petroleum tanker）或称作油船，是主要用来运输原油、原油的提炼成品（如动力油、燃料油）等石油化工液体产品的液货船，也可以用来运输其他液体，和邮轮的含义完全不同，即，油轮是“货运”船舶，而邮轮是“客运”船舶。

延伸阅读

邮轮的主要类型

1. 邮轮按航行区域划分

（1）国际航线（远洋）邮轮

它的主要特点是：大、全、高。即，邮轮体型比较庞大，设施设备丰富齐全，配备与技术条件等方面越来越高级与高要求。代表性的邮轮有：“玛丽女王 2”号、“海洋自由”号、“钻石公主”号等。

（2）海岸线（近海）邮轮

它的主要特点是：像海上度假村一样，带领游客在近海范围内旅游，比如，在地中海、加勒比海、波罗的海等小范围内游览。代表性的邮轮有：“奥利安娜”号、“皇家一号”等。

（3）内河邮轮（游轮）

它的主要特点是：主要带领游客在内河、湖泊进行短途旅游观光。代表性的邮轮有：“银滩明珠”号、“长江明珠”号、“帝王”号等。

2. 按功能特点划分

（1）经典远洋邮轮

一般指的是 1970 年之前下水的邮轮，以客运为主、娱乐为辅，邮轮上也会有以舒适解闷为目标而配备的相应设备与装饰，很多邮轮也会配备得非常豪华。历史上最后一艘经典邮轮，也是世界上运营时间最长的古典邮轮是“伊丽莎白女王 2”号，由美国嘉年华公司旗下的英国丘纳德航运公司经营，1967 年下水，2008 年底退役，2012 年被改造成迪拜海上度假酒店。

（2）现代邮轮

旅游、休闲、观光、娱乐是必须的、最关键的功能，所以现代邮轮都有着丰富多样的娱乐休闲设施设备。现代邮轮又可以分为：现代海上邮轮、近海邮轮、内河游轮、游艇。

现代海上邮轮的主要特点有：船型美、体积大、航线广；设施齐全、活动丰富、技术含量高等。

近海邮轮的主要特点有：近海绕圈行驶，起点与终点一般在同一个港口；体积较小，吃水也小，比较容易入浅水区；经营灵活；载客量不大，缺少丰富多彩的娱乐活动。

内河游轮或游船（即河湖观光游船）的主要特点有：船体结构较弱、单体规模较小、船舶敏转性较好；适合短途旅游，以观光为主功能；旅游活动内容少。

游艇的主要特点有：小型船体，主要有航海、运动、娱乐、休闲等功能；主要是私人拥有；目前还有比较大的休闲服务发展空间。

📖 拓展学习

网上查阅资料，了解世界排名前十的豪华邮轮，比较它们的优势和特色。

第二节　邮轮的内部空间

M2-3　邮轮的
内部空间

学习引导

现代邮轮的设计与建造通常需要考虑到如何在合理利用空间的基础上更好地完善游客的活动设施。不仅在外观上为游客所接受，而且应符合其品牌价值和各项安全要求，在有限的船舶空间里，既能搭载更多的游客，又能使游客获得更高的舒适度和满意度。

知识内容

现代邮轮作为"海上流动度假村"，具有酒店、旅行社等旅游企业为游客提供食、住、行、游、购、娱等旅游服务的功能。邮轮上的空间通常被划分为三大区域：客舱区域、公共区域和非公共区域。

一、客舱区域

邮轮其实就是一座移动的豪华酒店，客舱和酒店客房一样设备齐全。邮轮的客舱通常比较小巧，是"微缩的酒店客房"。如，歌诗达"维多利亚"号邮轮上最大套房的面积为 $44m^2$，最小的内舱房仅 $11m^2$。一般邮轮的客舱有内舱房、海景房、阳台房、豪华套房等。

1. 内舱房（又叫内侧客房）

内舱房在邮轮内部，通常没有窗户，但经常运用镜子、柔和的淡色、明亮的灯光，甚至假窗帘来使空间显得更加开阔些。很多游客偏爱内侧客房，因为相对外侧客房价格更便宜。

内舱房也会根据邮轮的不同而不同，如，皇家加勒比游轮公司旗下的"皇家赞礼"号邮轮全新设计的内舱房，拥有 $19 \sim 21m^2$ 空间，提供前所未有的海上高科技体验——虚拟阳台，落地高清屏幕为游客呈现即时海景和目的地景色。

2. 海景房

远洋邮轮的海景房位于邮轮的外侧，房间类似商务酒店的标准间，由于可以向外观看，海景房会让人感觉视觉更开阔。对于不喜欢拥挤的游客而言再理想不过了。传统的邮轮有窗户，现代邮轮的窗户则更大。有些邮轮的海景房安装了全景舷窗、座位、躺椅，让游客足不出户便可体验梦幻般的观景享受，在茫茫大海上像家一样的舒适和精致。

3. 阳台房

阳台房有朝海的阳台，房间类似星级酒店的标准间，一般为一张大床，可以给孩子加床。有些大的邮轮还有朝向步行街的阳台房。

4. 豪华套房

豪华套房是指船上最昂贵的房间，一般在船头，有多个房间，有些豪华套房甚至还有自己的温泉池。豪华套房的面积比标准间大很多，房间内的设施更齐全，有电器产品、家具，甚至还有厨房，房间位置也能更好地欣赏到海景。一般的套房都有独立的起居室、卧房、卫生间等。

套房会根据豪华程度和功能再进行区分，如家庭豪华套房、水疗豪华套房、行政豪华套房等。

二、公共区域

1. 前台接待处

邮轮的前台接待处规模比酒店前台规模略小，但同样承担着客房预订、办理入住、退房结账、外币兑换、咨询与协调服务等功能，是邮轮对客服务的中枢机构。

2. 邮轮的餐厅及其他就餐区域

美食是邮轮的一大亮点，很多邮轮的典型特征就是拥有若干个主题餐厅，甚至是每层都有餐厅。此外大型邮轮还有非正式的、自助类餐厅以及比萨饼店或特色主题餐厅和特色酒吧。客人可以在室内就餐，天气好时还可以在室外露天餐厅就餐。

3. 剧院

邮轮上设有剧院，根据邮轮的规模大小不同，剧院通常用来进行游客聚会、文艺演出或举办其他专项活动，每晚都有不同的安排，是邮轮之旅中最具有吸引力的场所之一。

4. 游泳甲板

大多数邮轮设有一个或多个游泳池，一般位于顶层甲板，有的还设有供儿童嬉戏的浅水区，还有一些游泳池会有玻璃天窗全部遮盖，随气温不同随时开启。

5. 运动甲板

邮轮上的运动甲板是为游客提供锻炼的场地，配有增氧健身区、慢跑跑道、网球场和其他运动方面的设施。

6. 商店

邮轮上的商店深受游客欢迎，游客可在此挑选一些自己喜欢的东西，享受购物的乐趣。邮轮在国际海域航行，一般不用付税。商店包括珠宝店、男女时装店、礼品店及一些普通商店等。为了营造旅游氛围，有的邮轮还会设立一批由各色礼品组成的商业街供游客消遣。

7. 医务室

根据有关船员、船舶配员的国际公约（如，《2006 年海事劳工公约》）规定，载员 100 人及以上且航行时间在 3 天以上的国际航行船舶须配备医生 1 名。所以，目前大部分邮轮上都会设有基本医疗设施的医务室，通常会配备医生 1～2 名、护士 2～4 名等，为一些突发情况提供紧急救治和基本医护治疗的协助。如果超出船上医疗可治愈的范围，邮轮会在靠岸后将游客送到岸上医院进行相应治疗。特别紧急的情况下，邮轮也会与港口联系直升机运输病人。

除此之外，公共空间还有很多其他公共设施，如婴儿玩耍区、上网区、电影院、自动洗衣店、图书馆、小型教堂、攀岩壁等。有些在中国运营的邮轮上还有中国特色的麻将房、纸牌房等。

三、非公共区域

邮轮的非公共区域主要是船上员工的工作和生活区域，一般不向邮轮上的游客开放。但是，一些邮轮为了让游客有更深刻的邮轮旅游体验，经常会为游客安排一些非公共区域的参观活动。

1. 邮轮的驾驶台

邮轮驾驶台是船长指挥邮轮安全航行的总指挥台，不管邮轮是在航行还是在停泊过程中，任何人未经船长或值班驾驶员的许可不能随意进入。

2. 邮轮轮机舱

邮轮轮机舱是装载邮轮动力装置，如，柴油机、燃气轮机以及附属设备的舱室。邮轮轮机舱等机械设备区域也都明令"游客止步"。

3. 厨房

厨房类似于酒店常规的厨房，其主要功能是为了有效地满足邮轮上所有游客对食品的需求。此外，由于邮轮不是每天都能靠港，所以需要非常大的储存空间才能满足冷藏或存放食物原材料的需要。

4. 员工活动区域

现代邮轮需要大量的服务人员和管理人员才能满足服务的需要，为了满足员工的生活需求，邮轮上员工活动区域的设施设备也非常齐全。几乎所有的大型邮轮上都设有员工宿舍、员工餐厅、员工娱乐活动室等。

 拓展学习

通过互联网，查阅和搜索邮轮相关视频及图片，了解邮轮内部空间。比较几个不同品牌的邮轮内部空间设置的不同之处。

第三节 邮轮的等级分类

邮轮和酒店不同，目前还没有一个统一的等级评定标准。比如，皇家加勒比游轮公司旗下的邮轮，因为系列和使用时间的不同，在评定结果上就有比较大的不同。即便如此，很多长期从事邮轮业的行家和爱好者还是对各个邮轮有自己的认识，也就衍生了非正式的邮轮评定。

M2-4 邮轮的等级分类

🧩 知识内容

根据国际邮轮协会（CLIA）对邮轮等级的分类，邮轮可分为奢华型、高级型、现代型、专业型和经济型，评定的标准主要是邮轮的设施配备、服乘比、特色服务等。

一、奢华型邮轮

奢华型邮轮通常采用"六星级"标榜其顶级的娱乐设施与服务水准。它的吨位和载客量不一定很大，但是以精致、品位、雅致的品牌标准及个性定制的服务作为邮轮形象。如，被称为世界最豪华邮轮的"七海探索者"号，于2015年10月30日出坞，为当时丽晶七海邮轮旗下的最新产品，是主打舱房最昂贵的中型顶级邮轮，重量达到54 000t，载客量750人左右。

意大利银海邮轮公司是世界上唯一拥有六星级全套房邮轮的公司，现有9艘顶级邮轮服务于地中海、北欧、东南亚、非洲、阿拉斯加、加勒比及南美洲。银海邮轮一贯坚持服务人员与乘客比例为1∶1.4，从而创造出最私密奢华的旅行享受。它所巡游的线路独具匠心，由于属于小型邮轮，它可直接驶入大型邮轮不能直接停靠而需要接驳的港口，并且可以停靠大多数大型邮轮不经过的港口，银海邮轮所经过的每一个港口城镇都各具特色，即使航行在同一区域，线路也基本不重复，让游客的邮轮旅行充满了新鲜感。

二、高级型邮轮

高级型邮轮的设施稍逊于奢华型邮轮，但是也比较高档、豪华。此类邮轮空间比率相对较高，有很多带有阳台的外侧客房，通过提供各种各样的娱乐活动，对儿童、年轻人、老年人等各个年龄段的顾客群形成多样化的吸引。

如，"伊丽莎白女王"号邮轮，堪称是一艘极尽奢华的"海上宫殿"，它总长964英尺（约合284m），可以容纳超过2 000名乘客，穹顶大厅、楼梯和水晶装饰灯、艺术装饰与20世纪30年代最早的"女王"号系列邮轮"伊丽莎白女王"号存在诸多相似之处，每年还提供35.2万瓶葡萄酒和香槟。

三、现代型邮轮

　　现代型邮轮好比一座移动的海上城市，游客可以在邮轮上尽享现代化的设施设备，邮轮规模从中型到巨型不等。

　　如，"海洋魅力"号邮轮，该邮轮长 361m、宽 66m，水面高 72m，排水量达 22.5 万吨，可以搭载游客 6 360 名。这艘巨型邮轮的设计者将陆地上的"社区"概念移植到这艘豪华邮轮上，将邮轮划分为中央公园、欢乐城、皇家大道、游泳池和运动区、海上水疗和健身中心、娱乐世界及青少年活动区 7 个主题区域，以满足不同年龄、不同类型游客的度假需求。

　　游客在船上生活、休闲、运动和娱乐需排放大量废物垃圾，为此设计者专门采用最先进的污水垃圾处理技术，尽量降低对大气和海水的污染。

四、专业型邮轮

　　专业型邮轮有某一特定的邮轮旅游目的地和专项独特的邮轮旅游产品。拥有这类邮轮的公司在文化诠释、探险考察等领域有着丰富的经验，部分邮轮航线遍及南极、北极此类人迹罕至的地方，其目标市场是经验丰富的邮轮旅游者。

　　如，夸克邮轮公司的"海钻石"号邮轮是全球极具南极探险传统、先进的极地破冰船之一，也是前往南极的高级邮轮，它安全、环保、舒适，船体结合了独特的设计和探险适航性。邮轮总吨位 8 300，船长 124m，宽度 32m，载客量为 189 人，航速快达 15.5 节（约 29km/h），能大幅缩短穿越南极德雷克海峡的航行时间，而且有 2 个上下船登陆舷梯、2 台登陆橡皮艇升降机、18 艘登陆橡皮艇，使得游客登陆比其他大型探险船更快。船上还配备最新的卫星导航、数字式自动操控系统、新式的测冰测深雷达和海水淡化系统等设施，还有多名专业厨师、工作人员、工程师和专业极地探险家为客人提供服务。

五、经济型邮轮

　　邮轮通常为中等规模，经过翻新且运营时间较长，一般采用自助式用餐，员工较少，装饰设计经典，定价较为经济，此类邮轮容易吸引邮轮旅游经验少的人。

📖 拓展学习

　　登录皇家加勒比游轮、公主邮轮、冠达邮轮等邮轮公司的官网，了解更多不同等级邮轮的资料。

📋 思考练习

一、单项选择题

1. 目前，大型邮轮上的船员（包括驾驶员、各类服务员等）最多可达（　　）人。

A. 3 000　　　　　　B. 8 000　　　　　　C. 10 000　　　　　　D. 15 000

2. 大多数邮轮设有一个或多个游泳池，一般位于（　　）甲板。

A. 底层　　　　　　B. 中层　　　　　　C. 顶层　　　　　　D. 任何一层

3. 邮轮专指主要航行于各大洋上固定或不固定航线、（　　　）的豪华客船。

A. 定期　　　　　　B. 不定期　　　　　C. 定期或不定期　D. 定时或不定时

4. 邮轮的非公共空间不包括：（　　　）。

A. 邮轮驾驶台、轮机舱　　　　　　　B. 厨房

C. 员工活动区　　　　　　　　　　　D. 前台接待处

二、多项选择题

1. 奢华型的邮轮一般特点有：（　　　　　　）。

A. 船体大型　　　　　B. 载客量少　　　　C. 配备设施齐全　D. 高水平的服务

2. 邮轮可能配备有的其他公共空间包括：（　　　　　　）。

A. 婴儿玩耍区、青少年活动中心

B. 图书馆、小教堂

C. 上网区、酒吧、咖啡厅、洗衣店、美容中心

D. 麻将房、纸牌房

3. 邮轮客舱的类型包括：（　　　　　　）。

A. 内舱房　　　　　　B. 海景房　　　　　C. 套房　　　　　　D. 阳台

4. 邮轮公共空间包括：（　　　　　　）。

A. 前台接待处　　　　B. 邮轮餐厅、商店　C. 剧院、赌场　　　D. 泳池、运动甲板

5. 邮轮和游轮的差异在于（　　　　　　）。

A. 旅游路线的远近不同　　　　　　　B. 旅程时间长短不同

C. 功能、载重量不同　　　　　　　　D. 服务标准不同

6. 邮轮按航行区域，可划分为：（　　　　　　）。

A. 国际航线（远洋）邮轮　　　　　　B. 海岸线（近海）邮轮

C. 内河邮轮　　　　　　　　　　　　D. 豪华邮轮

三、判断题

1. 专业型邮轮目标市场是经过特殊专业训练的邮轮旅游者。　　　　　（　　）

2. 专业型邮轮为某一特定的邮轮旅游目的地和专项独特的邮轮旅游产品。这类邮轮公司在文化诠释、探险考察等领域有着丰富的经验，有些邮轮的航线遍及南极、北极此类人迹罕至的地方，其目标市场是经验丰富的邮轮旅游者。　　　　（　　）

3. 邮轮上员工活动区域的设施设备非常齐全，游客也可以使用。　　　（　　）

4. 经济型邮轮一般采用自助式用餐，员工较少，装饰设计经典，定价较为经济。

　　　　　　　　　　　　　　　　　　　　　　　　　　　　　　　（　　）

5. 邮轮上的赌场可以参观、拍照。　　　　　　　　　　　　　　　　（　　）

6. 邮轮吃水深度大，在靠岸停泊点的选择上就较为不易，因为它对港口泊位和航道水深要求比较高。　　　　　　　　　　　　　　　　　　　　　　　　　（　　）

7. 邮轮上的空间通常被划分为三大区域：客舱区域、公共空间和非公共空间。

　　　　　　　　　　　　　　　　　　　　　　　　　　　　　　　（　　）

8. 邮轮的前台接待处规模比酒店前台规模略小，但同样承担着客房预订、办理入住、退房结账、外币兑换、咨询与协调等服务功能。　　　　　　　　　　（　　）

9. 船舶的吃水深度越大，表明该船舶当时的载重量越大。　　　　　　（　　）

10. 游轮与邮轮相比，一般出行距离比较近，旅途主要为河流、湖泊、近海区

域，通常不会横渡海洋，而是以绕圈的方式，起点和终点一致。　　　　　　（　　）

11. 内舱房在邮轮内部，通常没有窗户，但经常运用镜子、柔和的淡色、明亮的灯光，甚至假窗帘来使空间显得更加开阔些。　　　　　　　　　　　　（　　）

12. 公共空间还有很多其他公共设施，诸如婴儿玩耍区、上网区、电影院、自动洗衣店、图书馆、小型教堂、攀岩壁等。有些在中国运营的邮轮上还有中国特色的麻将房、纸牌房等。　　　　　　　　　　　　　　　　　　　　　　　　　（　　）

13. 奢华型邮轮的吨位和载客量不一定很大，但是以精致、品位、雅致的品牌标准及个性定制的服务作为邮轮形象。　　　　　　　　　　　　　　　　　　（　　）

第三章 邮轮公司

 学习目标

📣 知识目标

1.熟悉世界主要邮轮集团；

2.了解世界邮轮公司的地理格局；

3.熟悉世界其他著名邮轮公司；

4.熟悉邮轮公司的经营业务，理解岸上业务与海上业务的不同工作内容、特点等；

5.了解邮轮公司经营管理发展趋势。

📣 技能目标

1.条理清楚的逻辑分析与语言表达能力：能说出世界主要邮轮公司的名称和主要特色；

2.能通过互联网，收集整理一家邮轮公司的资料，系统地介绍该邮轮公司；

3.会利用电脑（办公软件）和互联网，提升查阅资料、自主获知并应用、处理信息的能力。

📣 素质目标

1.通过学习世界主要邮轮公司（集团）的发展历程（案例），融入自强不息、追求进步、勇于创新等以改革创新为核心的时代精神；

2.通过对邮轮公司经营管理发展趋势的分析，融入解放思想、求真务实、积极探索、勇于创新的时代精神。

第一节 全球三大邮轮集团

 学习引导

M3-1 全球
三大邮轮集团

目前全球邮轮旅游市场主要被三大集团所瓜分，分别为嘉年华邮轮集团、皇家加勒比集团以及云顶香港有限公司，它们控制了全球邮轮旅游市场 50% 以上的份额，那么，这三大邮轮巨头何时何地创立？运力规模如何？旗下有哪些品牌呢？

一、嘉年华邮轮集团

美国嘉年华邮轮集团创立于 1972 年，在美国佛罗里达州迈阿密市和英国伦敦分别设有总部。它是全球最大的休闲旅游公司，也是世界邮轮运力规模最大的邮轮公司。它主要通过兼并、收购的方式不断扩大品牌及船队规模。

目前该集团旗下拥有十大邮轮品牌，包括：嘉年华邮轮、荷美邮轮、公主邮轮、歌诗达邮轮、冠达邮轮、爱达邮轮、世邦邮轮、铁行邮轮、慈善邮轮、风之颂邮轮。所有邮轮品牌经营着 100 多艘邮轮，到访全球 700 多个港口，是全球唯一一家同时列入标准普尔 500 指数和富时 100 指数的集团公司，是业界当之无愧的"邮轮之王"。

嘉年华邮轮集团拥有超过 12 万名来自全球 60 多个国家的员工，旗下的邮轮品牌每年吸引超过 1 150 万名游客，占全球邮轮市场份额约 50%。

2013 年在亚洲邮轮旅游著名城市新加坡设立了美国嘉年华邮轮集团亚洲总部。2018 年 11 月，中船嘉年华邮轮有限公司成立。作为亚洲区域最受欢迎的邮轮品牌之一，嘉年华邮轮因其优质的邮轮旅游服务、精心设计的家庭项目、精致可口的美食及丰富多彩的娱乐项目而闻名。

美国嘉年华邮轮集团旗下主要邮轮品牌介绍如下。

1. 嘉年华邮轮

嘉年华邮轮以欢乐为主题，创立于 1972 年，是美国年轻人比较喜欢的邮轮品牌，船上活动较为丰富，娱乐性比较强，属于性价比较高的经济型邮轮。目前嘉年华邮轮拥有 26 艘邮轮，总运量达到 69 890 人，主要运营北美加勒比地区航线。

2. 荷美邮轮

荷美邮轮建立于 1837 年，起初称作荷兰美洲蒸气轮船公司，以经营荷兰—美洲航线之间的客运业务为主，该种主营业务直至 20 世纪 70 年代。荷美邮轮旗下第一艘豪华邮轮始于 1895 年，第二艘豪华邮轮于 1910 年从纽约出发。荷美邮轮从 1971 年开始提供一站式度假、载客的豪华邮轮旅游服务。目前荷美邮轮拥有 15 艘邮轮，总运量达到 26 022 人，主要运营北美加勒比地区航线。荷美邮轮非常注重"服务品质的维持"，在印度尼西亚设立专门的训练学校，以更好地提升服务人员的专业化水平。高质量的服务和对游客体贴的关怀是荷美邮轮具有较强品牌吸引力的主要原因。

3. 公主邮轮

公主邮轮公司作为全球最知名的国际邮轮公司之一，创立于 1965 年，总部位于美国洛杉矶市，以一艘往返墨西哥的邮轮扬帆首航，如今已是全球领先的国际高端邮轮品牌。公主邮轮拥有不同规模和设施的 17 艘现代化邮轮，提供 150 多条不同的航线，遍布六大洲，停靠全球 300 多个港口和目的地，令游客有机会借此遍览世界各地风光。公主邮轮的航线目的地包括加勒比海、巴拿马运河、欧洲、南美洲、澳大利亚、新西兰、南太平洋、亚洲、非洲、加拿大、新英格兰地区和环球航线。此外，全球各地的系列岸上观光游览活动也进一步丰富游客们的邮轮体验，而公主邮轮的陆地行程往往能让游客在畅享海上美妙航程的同时饱览陆上风光。

4. 歌诗达邮轮

意大利歌诗达邮轮有限公司是欧洲首屈一指的邮轮公司，1948年，歌诗达船队的第一艘客运邮轮从意大利热那亚出发，开启第二次世界大战后首条横跨大西洋的邮轮航线。歌诗达邮轮传承浪漫的意式风情，致力于打造"纯正的意式风情体验"。歌诗达的总部位于热那亚，在全球范围内运营，主要在地中海、北欧、波罗的海、加勒比海、北美、中美洲、南美洲的航线上运营。歌诗达邮轮于2006年首次开启以中国为母港运营的国际邮轮航线，成为首家进驻中国的国际邮轮公司。目前，歌诗达邮轮旗下有15艘意大利籍在役邮轮，包括服务于中国市场的歌诗达邮轮"大西洋"号、歌诗达邮轮"赛琳娜"号和歌诗达邮轮"幸运"号。伴随中国邮轮市场的快速发展，歌诗达邮轮为中国市场量身订购的2艘大型邮轮分别于2019年和2020年进入中国，为更多国内游客带来新"意"代的游客体验。2022年10月，歌诗达邮轮在内部正式宣布退出亚洲市场，关掉在中国、新加坡、日本和韩国等国家和地区的所有业务。

5. 冠达邮轮

冠达邮轮悠久的历史可以追溯至1840年，它为游客提供海上奢华邮轮旅游体验，是全球唯一提供定期横跨大西洋航线的奢华邮轮品牌，因运营横跨大西洋的航线并在1922年推出首个邮轮环球之旅而享誉世界。1912年冠达邮轮所属的"卡帕西亚"号对"泰坦尼克"号幸存者伸出援手。目前冠达邮轮拥有"伊丽莎白女王"号、"维多利亚女王"号、"玛丽皇后2"号3艘具有世界影响力的奢华邮轮，总载客量为6000多人，凭借无与伦比的高端精致服务及世界级的娱乐表演而闻名于世。

6. 爱达邮轮

爱达邮轮是位于德国罗斯托克的德国邮轮公司，于1960年进入邮轮业。最大的特点是其显著个性化的外观设计，主要市场目标群体为年轻人，船上活动大部分以会所的形式展开。爱达邮轮配备各类设施，娱乐活动丰富，服务体贴入微，被称为海上的"俱乐部度假村"。

7. 世邦邮轮

世邦邮轮是全球著名的奢华邮轮品牌，是美国嘉年华邮轮集团旗下的高端邮轮品牌。它是全球小型豪华邮轮的杰出代表，每艘邮轮的吨位比银海邮轮、丽晶邮轮的吨位还要小，但人均活动空间和服乘比却处于非常高的水平，在业内享有很高的声誉。目前旗下有5艘邮轮，载客量为2558人。

8. 铁行邮轮（英国）

铁行邮轮（英国）公司于1837年在英国本土创立，总部位于英国南安普敦嘉年华大厦以纯粹英伦风格、中低价位为品牌定位，是航线遍布全球各海域的豪华型老牌船队，也是现存全世界历史最悠久的邮轮公司。铁行邮轮（英国）公司旗下共有7艘不同级别的邮轮，分别为中型船级、至尊级和皇家级。目前拥有英国邮轮史上最大吨位豪华邮轮——"不列颠尼亚"号。铁行邮轮与姐妹船队公主邮轮关系紧密，如"奥西娜"号原为公主邮轮船队的"奥西娜公主"号，与公主邮轮船队的"太阳公主"号邮轮是姐妹船。铁行邮轮（英国）提供高雅的英伦格调服务、专业流畅的邮轮航程与极佳的夜间娱乐表演活动，这些都是令其历久不衰的原因。铁行邮轮（英国）新建的两艘总吨位均超过 18 万的邮轮，由液化天然气提供动力，成为英国邮轮市场上最大的邮轮，首艘邮轮已经在 2020 年下半年交付使用。铁行邮轮（英国）、铁行邮轮（澳大利亚）是两家独立的邮轮公司。

二、皇家加勒比集团

皇家加勒比集团是全球领先的邮轮度假集团，是全球第二大邮轮旅游服务公司，于 1969 年成立，总部位于美国迈阿密，在全球范围内经营邮轮度假产品，旗下拥有皇家加勒比国际游轮、精致邮轮、精钻邮轮、银海邮轮，并参股普尔曼邮轮和途易邮轮。

目前该公司拥有各品牌在役豪华邮轮超过 40 艘，每年提供 200 多条精彩纷呈的度假航线，畅游全球近 460 个旅游目的地，遍及加勒比海、阿拉斯加、加拿大、欧洲、中东、澳大利亚及新西兰等 70 多个国家和地区。

皇家加勒比集团一直以来致力于引领邮轮产业的发展，率先在中国市场部署和经营世界顶级邮轮，继"海洋航行者"号、"海洋水手"号开启中国母港航线之后，再次引进两艘亚洲吨位最大、船龄最新、设施最先进的邮轮"海洋量子"号、"海洋赞礼"号，在中国同时部署四艘豪华游轮，引领中国邮轮行业进入"大船时代"和"新船时代"。皇家加勒比集团目前在中国的市场份额近 40%。

皇家加勒比集团旗下主要著名品牌介绍：

1. 皇家加勒比国际游轮

皇家加勒比国际游轮是全球著名的邮轮品牌，开创了诸多行业先河，以新型的船舶、较大的吨位、合适的价位、多样化的设施作为其品牌要求。其中"海洋绿洲"号和"海洋魅丽"号，这两艘姐妹船的总吨位均为 22.5 万，是当时世界最大、最具创意的邮轮。皇家加勒比国际游轮品牌旗下的邮轮船队拥有多种其他公司无可比拟的功能和设施，包括百老汇式娱乐表演、娱乐项目。皇家加勒比国际游轮连续十一年在 *Travel Weekly* 读者投票中蝉联"最佳邮轮公司"大奖，共有量子、绿洲、自由、航行者、灿烂、梦幻、君主 7 个船系共 27 艘大型现代邮轮。

2. 精致邮轮

精致邮轮公司自 1989 年成立以来一直秉承其运营宗旨"经典、优雅并保持创新"并与当下生活方式同步发展。1997 年，精致邮轮整个船系被皇家加勒比游轮公司兼并，成为皇家旗下一颗耀眼的明星。多年来，精致邮轮连续当选为世界顶级邮轮。

精致邮轮为邮轮旅游设定了一个新的国际性标准，并具有最佳的质量、庄重的风格、周到的服务、宽敞的住房和精良的食材。精致邮轮公司相信餐饮体验是一个优质邮轮度假产品中不可或缺的，精致邮轮的厨房定制可以制作海上最好的美食，一切工序中的材料都是最好的、最新鲜的。精致邮轮所不同于其他邮轮休假产品的是其始终致力于提供超出客人预期的邮轮体验。这项出色的表现水准已成为精英邮轮的定义，并为今天的邮轮巡游设定了国际化标准。自成立以来，精致邮轮履行最初的承诺：经典中的精华、优雅的巡航和与时俱进。因为精致邮轮品牌定位是引领现代奢华的典范，所以，精致邮轮极致系列被国际室内设计协会誉为"邮轮设计的新基准"。这一系列包括"精致极致"号、"精致季候"号、"精致新月"号、"精致嘉印"号和"精致倒影"号。该品牌形象标志中的"X"是"现代奢华"的标志。

3. 精钻邮轮

精钻邮轮是为渴望新颖豪华的独特远海巡游的高品位乘客量身打造的，游船具有无与伦比的设施和服务。精钻邮轮所提供的独特旅游产品是无法比拟的：每一个客舱都可以提供管家服务，其岸上游览（该公司将其称为岸上的沉浸），旨在让客人成为生活中的一部分，而不仅仅是一个观察人员；丰富多彩的节目，从烹饪到摄影探索，异彩纷呈；两个特色餐厅提供海上最美味菜肴；夜晚可以观赏现场表演。其所提供的服务水平是无与伦比的。

精钻邮轮的装饰及布置均以瑰丽豪华见称。任何级别客房的客人，均可享有私人管家服务。此外，每间客房均选用最优质的寝具、棉质毛巾、沐浴用品及平面电视；也有无线网装置，客人在登船当天可获赠迎宾果篮及矿泉水，相当体贴。

精钻邮轮拥有两艘邮轮，"精钻旅行"号和"精钻探索"号。每一艘邮轮都可以携带 694 名幸运的乘客去发现隐藏在世界角落里的美景，而那些地方是大型邮轮根本无法到达的。除了提供更加个性化的经验，精钻邮轮投资 1 750 万美金更换船上的设施，包括全新的床上用品、纺织品、平板电视、新的阳台装饰和家具，并在所有客舱和公共区铺设无线互联网。此外，其 93% 的客舱拥有海景，68% 的客舱拥有私人阳台。

三、云顶香港有限公司❶

云顶香港有限公司前身为丽星邮轮有限公司，于 1993 年 9 月成立，2009 年 11 月 10 日更改为"云顶香港有限公司"。云顶香港有限公司是全球休闲、娱乐和旅游及酒店服务业的领导企业，是世界第三大邮轮公司。

目前旗下拥有丽星邮轮、星梦邮轮、水晶邮轮等品牌，航线遍及亚太地区、南北美洲、欧洲及南极。目标客源主要为亚洲游客以及对亚洲目的地感兴趣的北美、欧洲及澳大利亚游客。

云顶香港有限公司旗下主要著名品牌介绍：

1. 丽星邮轮

丽星邮轮总部位于中国香港，主攻亚洲市场，公司目前拥有 4 艘邮轮，分别为"双子星"号、"宝瓶星"号、"双鱼星"号、"大班"号。丽星邮轮是亚太区邮轮业的先驱，1993 年开始运营区内航线，并以发展亚太区成为国际邮轮目的地为理念。凭借其全新及豪华的大型邮轮和精彩航线，丽星邮轮在亚太区的邮轮业发展上

---

❶ 已退市。

一直承担着领导者的角色。先进的邮轮设施设备、完善的服务，以及在全球各主要邮轮公司中较高的船员对乘客比率（1:2），使丽星邮轮已经成为亚太区邮轮业的典范。丽星邮轮致力于为旅客提供一流的设施及服务，多年来获得多个国际奖项及认证，截止到2020年，曾十度荣获"亚太区最佳邮轮公司"殊荣，2008—2019年连续十一年获得殿堂级嘉奖"TTG旅游大奖荣誉堂"，更于2017年世界旅游大奖中第六度勇夺"亚洲领导船队"殊荣。

2. 星梦邮轮

星梦邮轮成立于2015年，完美融合中西元素，主要航行于日韩、东南亚和我国港澳地区，旗下有3艘邮轮（"云顶梦"号、"世界梦"号、"探索梦"号）。星梦邮轮是首个亚洲本土豪华邮轮品牌，专为日益壮大的中国及亚洲高端邮轮市场量身打造。

3. 水晶邮轮

水晶邮轮成立于1988年，总部设在美国洛杉矶，曾是日本货运公司（NYK）的全资子公司，2015年被云顶集团收购。它是国际公认的豪华邮轮，曾被票选为"最佳中型邮轮公司"。水晶邮轮拥有2艘中型高端邮轮及5艘河轮。

4. 诺唯真邮轮

诺唯真邮轮原名"挪威邮轮"，2016年更名为"诺唯真邮轮"。新名字完美诠释了"承诺、专属和真诚"的品牌理念。

诺唯真邮轮成立于1966年，1998年开辟针对亚洲的东方航线，2000年被云顶集团旗下丽星邮轮收购。目前，诺唯真邮轮隶属于丽星邮轮，总部设于迈阿密，2018年拥有超过20艘邮轮。倡导"自由自在航行"，主要服务对象是美国和加拿大的中产阶级乘客。旗下拥有诺唯真游轮、大洋邮轮和丽晶七海邮轮三个品牌。品牌定位为"自由闲逸式游轮假期"。2017年6月诺唯真"喜悦"号作为第一艘为中国专门定制的邮轮在上海首航。

诺唯真邮轮独有的Haven豪华客房区位于邮轮顶部，用私人房卡才可以进入，并享受24h的管家服务；另外用餐时间不用分批入座，而且没有任何服装要求，致力于给每位旅客带来充分的自由和灵活旅行时间。

 拓展学习

登录全球三大邮轮集团官网，查看其更详细资料。

第二节　其他著名邮轮公司

M3-2　其他
著名邮轮公司

 学习引导

　　随着邮轮产业的发展，邮轮公司发展也非常迅速。目前，全世界已有超过50家的邮轮公司，他们所拥有的邮轮数量和载客能力差异较大，大的船数过百，小

的只有一艘船。

　　邮轮公司良好的经营运作对于促进邮轮旅游业发展具有十分重要的意义，一个地区邮轮公司的布局情况、效益高低更是直接反映并影响着当地邮轮旅游业的发展。

 知识内容

一、地中海邮轮有限公司

　　地中海邮轮有限公司是全球邮轮集团中唯一的家族企业，总部位于瑞士日内瓦，船队包括 19 艘现代化邮轮。地中海邮轮拥有延绵三百年的航海基因，凭借专业雄厚的航海实力、业内最现代化的邮轮舰队、极富创新性的产品和设计、优雅舒适的邮轮度假体验深得全球游客喜爱，并不断通过超越自我和雄伟的造船计划夯实行业先锋地位。地中海邮轮以地中海式的优雅风情，带游客探索全球文化、美景与美食，打造独特而难忘的度假体验。地中海邮轮肩负环保责任，并凭借出色的环境管理措施，成为第一家荣获法国国际检验局"七金珍珠"奖的邮轮公司。

　　2014 年，地中海邮轮有限公司启动了一项投资计划，订购两艘"传奇"级邮轮以及两艘"海岸线"级邮轮，以支持该公司第二阶段的业务发展。2016 年 2 月，地中海邮轮确认追加建造两艘载客量更多的"传奇 Plus"级邮轮的方案。2016 年 4 月，计划总投资增至 90 亿欧元，并宣布签订意向书，再造四艘配备下一代 LNG（液化天然气）推进技术的邮轮。地中海邮轮的投资计划周期和规模均开创行业先河，是首家打造如此宏伟计划的全球性邮轮品牌。

　　地中海邮轮是欧洲、南美和南非邮轮市场第一邮轮品牌，全年在地中海和加勒比海域运营航线。季节性航线包括北欧、大西洋、古巴、非洲南部、阿布扎比、迪拜。地中海"辉煌"号于 2018 年 4 月从迪拜盛大启程，途经海上丝绸之路，最终抵达上海母港，于 2018 年 5 月 18 日开启中国母港航季，接棒"地中海抒情"号，为更多中国游客带来更加高品质的体验。由地中海邮轮首创的"船中船"概念——地中海游艇伴随"地中海辉煌"号首次亮相中国，为中国高端游客群提供极致私密和专属的奢华体验。地中海邮轮是唯一一家与乐高有官方合作的邮轮品牌，"地中海辉煌"号上设有 3 ～ 6 岁和 7 ～ 11 岁两个年龄层的专属乐高儿童俱乐部，并开设一系列以乐高为主题的游戏和课程，3 岁以下的小小游客则可在智高幼儿俱乐部里尽情玩耍。

二、美国迪士尼邮轮公司

　　迪士尼海上巡游是美国迪士尼邮轮公司从 1998 年开始提供的豪华邮轮游览服务。迪士尼邮轮以船上丰富的活动为卖点，知名的服务和产品质量让游客在每个角落都可以得到享受。迪士尼邮轮是第一个专门提供给青少年，而且几乎针对儿童的特性和活动而设计整个邮轮的公司。迪士尼邮轮是迪士尼主题乐园及度假区最具增长性、表现最好的一项业务，提供往返于美国东海岸佛罗里达、巴哈马海域、加勒

比海、美国西海岸—墨西哥蔚蓝海岸和地中海地区的多日航海度假产品。目前旗下有 4 艘豪华邮轮：“迪士尼魔法”号、“迪士尼奇幻”号、“迪士尼梦想”号、“迪士尼幻想”号。迪士尼邮轮虽然只有 4 条船，但是其凭借高品质的船上娱乐设施、优质的服务，一直是美国邮轮业的领军者。

迪士尼邮轮航线北至阿拉斯加、加拿大，西至加州、墨西哥、夏威夷，南至巴哈马、加勒比海，更远至欧洲 15 个国家的主要港口。虽然迪士尼邮轮的票价比一般邮轮要贵，但是迪士尼邮轮老少皆宜，不管什么年龄层，都会被迪士尼邮轮震撼。迪士尼邮轮 4 艘船在细节上有所不同，但是每艘船的船尾都有独特的迪士尼卡通人物，让游客们流连忘返。迪士尼邮轮总共有 10 个启航港口，其中美国 5 个，加拿大、波多黎各等地方 5 个。

三、维京邮轮有限公司

维京邮轮有限公司是一家私人的、旨在提供内河邮轮和海洋邮轮业务的专业公司，于 1997 年创立。维京邮轮的前身是斯堪的纳维亚和荷兰财团于 1997 年成立的维京河轮。它如今是一家全球化的跨国邮轮公司，旨在为来自世界各地的游客提供高品质的内河及海洋邮轮服务，连年荣获多项重量级的国际邮轮奖项。2020 年，该公司已经拥有 73 艘内河游轮及 6 艘远洋邮轮。维京邮轮的业务覆盖全球多个市场，其运营总部位于瑞士巴塞尔，销售总部位于美国洛杉矶，在英国和澳大利亚有次级销售办公室。

维京邮轮有限公司专为对地理、文化和历史感兴趣的游客而打造，在全球拥有 4 000 多名员工，主要向北美、欧洲和澳大利亚以英语为母语的游客销售邮轮业务。自 2016 年正式进入中国市场以来，维京邮轮开创性地推出以莱茵河、多瑙河为主的专为中国游客量身定制的欧洲内河邮轮产品。维京邮轮现有 5 艘邮轮专门服务中国市场：“艾斯特拉”号、“尼约德”号、“芙蕾雅”号、“贝斯特拉”号、“奥丁”号。维京邮轮始终秉承高度尊重中国消费者的服务理念，并聚焦对历史、艺术、音乐及美食等文化体验感兴趣且富有洞察力的游客，通过业界首创的“一价全包”及全中文服务，让游客在旅行中不受语言障碍的困扰，轻松开启原汁原味的欧洲内河巡游。

四、银海邮轮公司

银海邮轮（Silversea）为客人提供了一种私人的卓越环球航海旅行。它的成功可以归纳为以下几个因素：私人定制化、互补，以及迎合每一个客人独一无二的需求。

银海邮轮为世界唯一六星级全套房邮轮公司。目前有 9 艘顶级邮轮服务于地中海、北欧、东南亚、非洲、阿拉斯加、加勒比及南美洲，全部洋溢欢乐悠闲典雅的气氛。

2018 年 7 月，皇家加勒比集团收购银海邮轮三分之二的股份。2020 年 7 月，皇家加勒比集团完成对银海邮轮的全面收购。

五、丽晶七海邮轮公司

丽晶七海邮轮公司的前身是雷迪森七海邮轮公司，是由 1990 年成立的雷迪森邮轮和七海邮轮在 1992 年合并成立的联合体，属于邮轮业的后起之秀。丽晶七海邮轮定位于奢华市场，主要面向北美市场，提供高雅无顾虑的全包度假体验。

六、其他小型特色邮轮公司

1. 海达路德游轮

创立于 1893 年，是挪威和挪威旅游业的"旗舰"，拥有近 3 400 名雇员和 5 艘设施先进的邮轮。航程目的地涵盖挪威、斯瓦尔巴群岛、斯匹次卑尔根岛、格陵兰岛、冰岛和南极洲。其"前进"号邮轮是世界上先进、豪华的极地邮轮。

2. 庞洛邮轮

创建于 1988 年，是超五星级豪华小型邮轮公司、法国最大的游轮公司，总部设在法国马赛。庞洛邮轮品牌定位是优雅尊贵，是"全球极地探索最佳邮轮"。2020 年拥有 13 艘小型、高科技、环保的船只，每年提供超过 100 条全球航线，带领高端旅行者深入小众目的地，可以到达大型邮轮无法去到的地方，并且提供在地中海、亚洲和加勒比地区的特别行程。每年 11 月～次年 2 月巡游南极。目前是全球最大的南极旅行船公司。2019 年 9 月庞洛邮轮收购了保罗高更邮轮。

3. 保罗高更邮轮

成立于 1998 年，只有 2 艘超豪华六星级邮轮，主打大溪地、法属波利尼西亚及南太平洋地区的奢华邮轮之旅。世界上唯一全年巡游在法属波利尼西亚海域和南太平洋海域的六星级标准邮轮。2019 年 9 月，保罗高更邮轮被庞洛邮轮收购，但两家邮轮公司仍保持独立运营。

4. 夸克探险公司

创建于 1991 年，专注于极地探险，巡游南极和北极，拥有南极和北极最大、最多样化的探险船队。有 5 艘南北极邮轮（2 艘超级马力破冰船、3 艘加强冰级船）。破冰船上配备直升机巡航和登陆小艇，提供海陆空三度空间飞行和登陆活动，可前往其他公司航程无法到达的地点。

5. 星瀚邮轮

也称希腊邮轮（原"路易斯游轮"），成立于 2014 年，有 5 艘游船，主要航行于希腊几个小岛之间，小型游船畅游爱琴海。近几年航线也涉及古巴、土耳其等地，以其独具风格的邮轮服务和路线，让客人更深入地去体验当地的风土人情，增加邮轮旅游的体验与参与感。

6. Antarpply Expeditions

总部设在阿根廷乌斯怀亚，最擅长小型团体的南极探险旅行。在过去的十多年中专注致力于将游客带往神秘、遥远、质朴的南极大陆。有 1 艘邮轮"乌斯怀亚"号——首航于 2002 年，是最高承载 84 位乘客的世界上最先进的加强极地船。

7. Aqua Expeditions

Aqua Expeditions 是一家秘鲁奢华游轮旅游公司，总部设在新加坡，创建于 2007 年，是全球公认的奢华小型河轮观光领域的领导者。有 4 艘河轮，主要航行于亚马孙河和湄公河流域。

延伸阅读

中国主要邮轮公司

1. 天海邮轮公司

成立于 2013 年 12 月,是携程旅行网联合磐石资本等投资机构共建的中国第一家本土豪华邮轮公司。2014 年购置皇家加勒比旗下的"精致世纪"号作为首艘邮轮。同年皇家加勒比入股天海邮轮公司。2015 年 5 月"天海新世纪"号首航,运营日本、韩国、东南亚地区航线。2018 年秋天海邮轮合资公司关闭,天海邮轮停止运营。

2. 海航邮轮有限公司

成立于 2012 年 8 月,中国本土邮轮公司,2011 年底从美国嘉年华邮轮收购了一艘豪华邮轮,2012 年重新装修,命名为"海娜"号,2013 年初在三亚凤凰岛国际邮轮港首航,2015 年 11 月停止运营。

3. 渤海轮渡股份有限公司(渤海邮轮)

我国国内规模最大、综合运输能力最强的客滚运输企业,2012 年上市。主营烟台—大连、蓬莱—旅顺航线客滚运输业务及国际旅游业务,拥有 9 艘大型客滚船和一家国际旅行社。2013 年 2 月与烟台港集团、韩国 HANARO 海运等公司合资成立烟台渤海国际轮渡有限公司,主营烟台—平泽(韩国)的客滚运输。2014 年 2 月在香港注册成立全资子公司——渤海邮轮有限公司。2014 年 3 月公司购买"中华泰山"号,8 月份投入营运。这是中国第一艘全资、自主经营管理的豪华邮轮,标志着该公司正式进军国际豪华邮轮产业。

4. 三沙南海梦之旅邮轮有限公司(南海邮轮)

成立于 2016 年 5 月,由中国旅游集团公司、中国远洋海运集团有限公司和中国交通建设股份有限公司三大企业强强联合,共同出资设立。有 1 艘邮轮——"南海之梦"号,主营西沙航线,开发南海诸岛、台湾海峡及其他沿海航线。

5. 海南海峡航运股份有限公司

成立于 2002 年 12 月 6 日,由海南港航控股有限公司、深圳市盐田港股份有限公司等 5 位股东发起设立。2013 年 4 月 28 日正式开通海口至西沙旅游航线。有客滚轮"长乐公主"号、"椰香公主"号、"北部湾之星"号,带领游客畅游西沙群岛。

6. 钻石国际邮轮公司

2015 年 7 月成立,是太湖国旅联合投资机构创立的一家豪华邮轮公司。有 1 艘邮轮"钻石辉煌"号,2016 年 7 月成功试航日本,2017 年相继开启了以上海、舟山、青岛、大连、天津、海口等邮轮港为始发港的东北亚及东南亚航线。

7. 星旅远洋国际邮轮有限公司

由中国旅游集团和中国远洋海运集团共同出资设立,总部设在香港。公司致力于本土邮轮品牌打造,目前拥有一艘邮轮——"鼓浪屿"号,总吨位为 7 000,载客量为 1 800 人,船长 261m,宽 32m。公司以近洋航线为基础,计划逐步向远洋航线和国际母港航线延伸。

8. 重庆冠达世纪游轮有限公司(世纪游轮)

其前身是重庆新世纪游轮股份有限公司,创始于 1994 年,是重庆冠达控股集团有限公司的全资子公司。拥有"世纪游轮"品牌下 12 艘现代科技化豪华的长江五星级游轮,组织欧美、亚洲、国内游客乘坐豪华游轮来中国重庆、长江三峡进行旅游观光。

9. 重庆长江黄金游轮有限公司

成立于 2010 年 3 月，为重庆旅游投资集团有限公司子公司，拥有"长江黄金"系列超五星级内河豪华游轮 8 艘，主要畅游长江，到达重庆、丰都、奉节、宜昌等地。

10. 武汉扬子江游船有限公司

拥有 4 艘"总统系列"超五星级品牌豪华游轮，航行于中国长江三峡。其中"总统旗舰七"号和"总统旗舰八"号是世界内河航运史上单船最大、最新、最豪华的超五星级豪华游轮。总统系列游轮曾接待过外国国家领导人和政府要员，举办过国内外高峰论坛年会、展会等，接待了大批次海内外游客。

11. 重庆市东江实业有限公司

2001 年 1 月在中国重庆注册成立，由美国游轮公司进行统一的经营管理，是运行于重庆、长江三峡、宜昌、武汉、上海的五星级游船，有 7 艘游轮。

12. 星途游轮公司

中国首家拥有欧洲内河游轮船只的公司，在北京、上海、深圳、成都、巴塞尔、布达佩斯、马耳他等地设有分公司及办事处。2016 年 5 月，由星途游轮运营的"多瑙河协奏曲"号在多瑙河首航成功。这是欧洲内河游轮中第一艘面向中国游客的内河游轮，也是全球第一艘由中国人运营的境外内河游轮。它专为中国客人量身定制更中国化、舒适化、个性化的欧洲内河游轮产品。拥有"艺术"号、"阿尔科娜"号 2 艘河轮。品牌定位：中国人自己的全球内河游轮品牌。

📖 拓展学习

查阅互联网资料，比较分析世界著名邮轮公司的主要竞争优势。

第三节　邮轮公司的经营业务

M3-3 邮轮公司的经营业务

邮轮公司经营管理的核心是如何建立自己的服务品牌。每家邮轮公司都有它特定的服务规格和服务哲学（服务"软件"）。这些因素使得同一家邮轮公司不论新船还是旧船，服务都大致相同，也就是说，船固然有新有旧、有大有小、设备（硬件）各异，但只要是同一家邮轮公司的船，服务模式和风格基本一样。

✳ 知识内容

一、邮轮公司的定义

邮轮公司是依托邮轮及海上旅游资源，为旅游者提供愉悦的邮轮旅行经历，从事相关经营活动，具有营利性及相对独立的经济实体。

邮轮公司以邮轮作为载体和平台，以邮轮母港作为基地，以航线和停靠港作为运营支撑，以组合式邮轮旅游产品的销售和高质量的邮轮服务作为收益的主要来源。邮轮公司主导邮轮旅游市场，拥有或出租豪华邮轮，设计邮轮旅游航线，开发邮轮旅游产品，目的是瞄准特定的邮轮旅游细分市场，从而获取高额的经营利润。

二、邮轮公司经营的业务

图1所示为邮轮公司的业务关系。

1. 邮轮公司陆上业务

邮轮公司陆上部门是邮轮运营的支持部门，具体指船务公司，主要负责产品开发、市场销售、渠道拓展、品牌推广、政府公关、码头运营等方面。如，皇家加勒比游轮船务（中国）有限公司的业务范围主要是为皇家加勒比游轮有

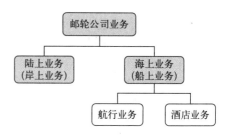

图1 邮轮公司业务关系

限公司在中国母港运营的邮轮提供揽客、出具客票、结算运费和签订服务合同等服务，并提供市场营销、采购、运营及售后等咨询服务。

邮轮公司陆上业务主要包括：

① 邮轮产品设计研发。邮轮公司陆上部门及时跟踪市场需求、竞争态势、发展趋势的变化，与邮轮旅行社一起开发更加具有市场竞争力的邮轮产品，进而设计出有不同的主题、航期以及岸上目的地的邮轮服务产品。

② 邮轮产品市场营销。根据邮轮公司总部的市场发展战略需求，邮轮公司陆上部门充分发挥渠道、推广等各方面的资源优势，做好价格的设计、渠道的拓展及相关的促销活动，从而提升市场的竞争力，提升邮轮产品的销量。

③ 公共关系维护。对外形象对于邮轮公司的发展起着至关重要的作用和影响，邮轮公司陆上部门必须不断提升其在政府、合作伙伴、媒体、游客等群体中的形象，提升邮轮公司的品牌竞争力，进而更好地得到各方面的支持和信任，从而为市场营销起到较好的促进作用，提升邮轮公司的品牌价值。

④ 邮轮相关服务。邮轮在某一个区域的运营需要与当地船舶代理机构、邮轮船供企业、邮轮港口公司、邮轮废弃物处理企业等开展多方面的合作，而这些都是由邮轮公司陆上部门提供支持的。

2. 邮轮公司海上业务

① 海上航行保障。邮轮本质属性还是大型船舶，所以需要配备相应的船舶航行人员，一般包含船长、轮机长、大副、二副、三副及相关的船员等，这些人主要负责邮轮的靠离港、海上航行的安全有序及紧急事件的处理等方面的工作。

② 邮轮游客服务。邮轮本身是"移动的海上豪华酒店""海上移动的度假村"，为游客提供舒适干净的舱房，满足游客对休闲度假、购物、美食、健身、运动、娱乐表演等方面的需求。

三、邮轮公司经营的特点

1. 高进入退出壁垒

邮轮公司在建立之前需要投入大量的人力、采购、管理等初期成本，一旦进入，需要极多的运转资金，进入退出的壁垒高，这也是现在大多数邮轮企业采取集团化战略，以此来规避单一企业成长风险、获取规模经济、增强整体竞争力的原因。

2. 国际化运作模式

邮轮公司的国际化运作模式主要体现在邮轮从业人员、邮轮航线设置上。邮轮管理者大都来自欧美邮轮管理经验丰富的国家，基层员工则大都来自世界各地，且主要来自人力成本较低的国家，在降低投入成本的同时满足邮轮游客的不同需求，提高邮轮的综合服务水平。邮轮公司需要在全球范围内开设邮轮航线、部署邮轮，为邮轮旅游者提供一整套完善的邮轮旅游服务，因而需要其具备较高的国际化运作能力。

3. "代理商+"营销模式

旅游代理商是目前邮轮公司最为重要的营销渠道，是"邮轮市场的向导和顾问"。邮轮公司通过与目的地港口地区的旅游代理商合作，采购所需的旅游产品及服务等，并与自身邮轮产品相结合组成深度邮轮旅游产品销售给邮轮旅游者，以满足其不同的需求，赢得较高的顾客满意度。邮轮公司也会通过公司本身销售船票，但占比较小，目前全球邮轮客舱销售主要是通过旅行社这一旅游代理商来实现的。此外，邮轮公司也在不断加大网络营销力度，与OTA合作，争取多种销售途径，提升邮轮客舱销售率。

4. "船票+"盈利模式

邮轮公司的盈利收入主要分为两大部分：船票收入及额外增值服务收入。其中船票收入是邮轮总收入的基本来源，也是影响潜在邮轮游客出行选择的主要因素，约占邮轮总收入的80%，一般包括客舱住宿费、船上娱乐、活动设施及基本饮食的费用。邮轮上的增值服务收入包括邮轮上的购物、酒水类、自费特色餐厅、水疗、免税店等游客自愿购买的甲板消费和公司向第三方收取的特许经营权收入，约占邮轮总收入的20%。

在全球邮轮市场竞争不断加剧，而邮轮运营投入成本居高不下的状况下，邮轮公司为了开拓客源市场，开始采取价格渗透的方式，不断降低船票价格，加大促销力度，以提高邮轮客舱销售率，同时不断完善邮轮上的特色娱乐设施，如"海洋量子"号的模拟跳伞装置等，以此提高邮轮产品的差异化，吸引游客消费。这使得邮轮公司的盈利模式较最初有所转变，船票收入所占的收入比重有所下降，甲板增值收入所占比重上升，邮轮公司的利润弹性主要依赖于额外增值收入。

📖 拓展学习

搜集互联网资料，了解更多的邮轮公司的经营业务。

第四节　邮轮公司经营管理发展趋势

　　随着科学技术的飞速发展，邮轮制造技术取得很大的进步，邮轮企业规模越来越大，邮轮港口的承接能力也变得更强，国际邮轮公司的经营管理也将变得更加高效。那么，邮轮公司经营管理的发展趋势如何呢？

知识内容

一、追求规模效益，不断降低邮轮成本及价格

　　各大邮轮公司不断订购巨型邮轮，提高单艘邮轮的载客率和游客数量。载客数量的增加有助于在整体上降低每位游客的平均邮轮旅游成本。为了提高竞争力，邮轮行业内的收购兼并也时有发生，通过分析三大邮轮公司的发展历程可以发现，收购兼并是邮轮公司发展壮大的有效快捷之路。扩大规模，实行标准化管理，在采购、销售、员工培训等方面采取统一管理，有助于降低经营成本。

二、邮轮旅游的大众化趋势

　　邮轮旅游业渐渐地走近普通大众，同时，邮轮业的整体格局也逐渐发生转变，呈现寡头垄断的格局，并且邮轮业已经从过去主要依靠运费营利发展为以餐饮、艺术品拍卖为主要利润来源，邮轮大型化的趋势也为邮轮设施的多样化提供条件，邮轮载客率成为邮船运营盈利的关键。为了达到甚至超过100％的载客率，邮船公司各出奇招，降低票价是最简便有效的方法之一，并且为培育邮轮市场起到积极的作用。

三、邮轮旅游的主题性更加明显

　　邮轮旅游越来越注重邮船本身设施、娱乐服务项目的开发与设计，不断向市场灌注新的消费理念，选择鲜明的主题，按照主题公园的模式与思路开展经营。所谓主题公园，是根据一个特定的主题，采用现代科学技术和多层次空间活动设置方式，集娱乐休闲和服务接待设施于一体的现代旅游目的地。美国迪士尼公司经营的邮轮将迪士尼的文化带到邮轮上，专为举家出游的游客服务。主题公园模式的邮轮将会成为未来发展的又一大趋势。

四、邮轮订造和劳动力成本向发展中国家转移

　　邮轮是个劳动密集型的行业，为了降低成本，大多数邮轮公司使用来自发展中国家的劳动力。目前，邮轮的建造主要集中在意大利、芬兰、法国、德国和挪威5个欧洲国家，所以，邮船的造价很难降低。在技术达标的前提下，邮轮公司很愿意

将订单交给劳动力价格更为低廉的国家，这将是未来的一个趋势。

五、网络营销前景乐观

电子商务的便捷性、低成本、覆盖面广等优势是传统的旅游业经营方式无法相比的。从全球范围来看，旅游电子商务已经成为旅游业发展不可逆转的趋势。目前，在欧美等发达国家，旅游电子商务已经成为整个电子商务领域最突出的部分之一。资料显示全球旅游电子商务增长迅速，一度占到全球电子商务总额的20％以上。目前，世界三大邮船公司都已开通其在线预订和网络营销功能，随着邮轮旅游大众化和信息化的不断推进，邮轮公司推广网络营销的力度将不断加强。

拓展学习

查询互联网资料，了解邮轮公司网络营销推广的成功案例。

思考练习

一、单项选择题

1. 重庆冠达世纪游轮有限公司、重庆长江黄金游轮有限公司、武汉扬子江游船有限公司、重庆市东江实业有限公司的游轮主要航行于（　　）。

　A. 黄河　　　　　　B. 长江　　　　　　C. 珠江　　　　　　D. 中国沿海

2. （　　）公司创建于1991年，专注于极地探险，巡游南极和北极，拥有南极和北极最大、最多样化的探险船队。

　A. 庞洛邮轮　　　　B. 夸克探险　　　　C. 保罗高更邮轮　　D. 星瀚邮轮

3. 以下哪个不属于云顶香港有限公司旗下邮轮品牌？（　　）

　A. 丽星邮轮　　　　B. 爱达邮轮　　　　C. 星梦邮轮　　　　D. 水晶邮轮

4. 以下哪个不属于美国嘉年华集团旗下邮轮品牌？（　　）

　A. 荷美邮轮　　　　B. 公主邮轮　　　　C. 冠达邮轮　　　　D. 精致邮轮

5. 以下哪个不属于邮轮公司"海上业务"？（　　）

　A. 住宿　　　　　　B. 购物　　　　　　C. 美食　　　　　　D. 邮轮产品设计

二、多项选择题

1. 邮轮公司"陆上业务"包括（　　　　）。

　A. 陆上观光　　　　　　　　　　　B. 邮轮产品市场营销

　C. 公共关系维护　　　　　　　　　D. 港口酒店管理

2. 邮轮公司"海上业务"包括以下哪些内容？（　　　　）

　A. 海上航行保障　　B. 邮轮游客服务　　C. 公共关系维护　　D. 港口酒店管理

3. 皇家加勒比游轮有限公司是全球领先的邮轮度假集团，是全球第二大邮轮旅游服务公司，旗下拥有（　　　　），并参股普尔曼邮轮和途易邮轮。

　A. 皇家加勒比游轮　　B. 精致邮轮　　　C. 精钻邮轮　　　　D. 银海邮轮

4. 以下哪些属于迪士尼旗下的豪华邮轮？（　　　　）

　A. "迪士尼魔法"号　　　　　　　　B. "迪士尼奇幻"号

　C. "迪士尼梦想"号　　　　　　　　D. "迪士尼幻想"号

5. 邮轮公司海上业务的两大主要任务是（　　　　　）。

A. 海上航行保障
B. 邮轮游客服务
C. 邮轮产品市场营销
D. 邮轮供应服务

6. 以下哪些属于皇家加勒比公司旗下邮轮品牌？（　　　　　）

A. 精钻邮轮
B. 爱达邮轮
C. 世邦邮轮
D. 银海邮轮

7. 邮轮公司的国际化运作体现在（　　　　　）。

A. 公司总部在欧美地区，但船舶注册在巴拿马、利比里亚、巴哈马等国
B. 在全球范围内招聘人才
C. 旅游航线是跨国、跨区域甚至全球性的
D. 全球范围内招揽游客

8. 排名全世界前三名的邮轮公司，分别是（　　　　　）。

A. 嘉年华集团
B. 皇家加勒比游轮集团
C. 云顶香港有限公司
D. 地中海邮轮公司

9. 邮轮需要与哪些部门搞好合作？（　　　　　）

A. 当地船舶代理机构
B. 邮轮船供企业
C. 邮轮港口公司
D. 邮轮废弃物处理单位

10. 诺唯真邮轮公司旗下拥有（　　　　　）三个品牌。

A. 诺唯真邮轮
B. 大洋邮轮
C. 丽晶七海邮轮
D. 世邦邮轮

11. 中国本土主要邮轮公司有：（　　　　　）。

A. 渤海轮渡股份有限公司
B. 三沙南海梦之旅邮轮有限公司
C. 重庆长江黄金游轮有限公司
D. 星旅远洋国际邮轮有限公司

三、判断题

1. 云顶香港有限公司旗下拥有丽星邮轮、星梦邮轮、水晶邮轮三个品牌，其中"星梦邮轮"是亚洲第一个本土品牌的高端邮轮。（　　）

2. 维京邮轮有限公司是欧洲河轮行业里的老大，主打内河高端奢华系列。（　　）

3. 邮轮公司的盈利收入主要分为两大部分：船票收入及额外增值服务收入。（　　）

4. 截至 2019 年，美国嘉年华邮轮集团旗下邮轮超过 100 艘。（　　）

5. 美国迪士尼邮轮公司的邮轮主要航行于加勒比海地区，主要客源是北美地区带小孩的家庭旅行者。（　　）

6. 地中海邮轮有限公司总部位于美国迈阿密，在地中海区域全年运营，以地中海风、欧式高贵典雅风格闻名。（　　）

7. 维京邮轮有限公司于 1997 年创立，它从河轮旅游服务拓展到海上邮轮服务。（　　）

8. 美国嘉年华邮轮集团是全球第一大邮轮公司，被誉为"邮轮之王"。（　　）

9. 2020 年 7 月，皇家加勒比集团完成对银海邮轮的全面收购。（　　）

10. 诺唯真邮轮原名"挪威邮轮"，2016 年更名为"诺唯真邮轮"，新名字完美诠释了"承诺、专属和真诚"的品牌理念。（　　）

11. 诺唯真邮轮成立于 1966 年，1998 年开辟针对亚洲的东方航线，2000 年被云顶集团旗下丽星邮轮收购。　　　　　　　　　　　　　　　　　　　（　　）

12. 2017 年 6 月诺唯真 "喜悦" 号作为第一艘为中国专门定制的邮轮在上海首航。
　　　　　　　　　　　　　　　　　　　　　　　　　　　　　　（　　）

13. 星旅远洋国际邮轮有限公司由中国旅游集团和中国远洋海运集团共同出资设立，总部设在香港，在厦门设有国内运营总部。　　　　　　　　　　　　　（　　）

第四章　邮轮港口

学习目标

☛ 知识目标

1. 熟悉邮轮码头的特点和分类；

2. 熟悉世界著名邮轮港口，能说出世界著名邮轮母港的名称并填写出地理位置；

3. 熟悉我国著名邮轮港口，能说出我国主要邮轮港口的名称并填写出地理位置。

☛ 技能目标

1. 条理清楚的逻辑分析与语言表达能力：能说出世界主要邮轮港口的名称和主要特色；

2. 能通过互联网，收集整理某一区域的主要邮轮港口，介绍该港口的名称、地理位置及主要特色等；

3. 会利用电脑（办公软件）和互联网，提升查阅资料、自主获知并应用、处理信息的能力；

4. 邮轮港口与地理信息的结合应用：能识记世界邮轮港口的地理位置，并进行填图实践。

☛ 素质目标

通过对我国主要邮轮港口的学习，了解祖国大好河山和经济文化建设的突出成就，融入民族自豪感和爱国主义精神。

第一节　认识世界主要邮轮港口

> **学习引导**
>
> 港口是邮轮航行的起始点、停泊点、终结点；不同作用的港口对不同工作性质的船舶起到不同的便捷服务。港口的类型有哪些？它所具备的基本条件是什么？世界有哪些著名的邮轮港口？

 知识内容

M4-1 邮轮港口的类型与条件

一、邮轮港口的类型与条件

1. 邮轮港口的类型

为指导港口合理布局，推进码头设施有序建设，2015年4月，我国交通运输部出台《全国沿海邮轮港口布局规划方案》，借鉴国际邮轮运输发展经验，结合我国邮轮运输市场发展特点和趋势，将我国邮轮港口划分为邮轮访问港、邮轮始发港和邮轮母港三种类型。

（1）邮轮访问港

指以挂靠航线为主的邮轮港口。它应具备邮轮停泊、游客和船员上下船等基本功能。邮轮访问港一般分布在旅游资源丰富的城市或岛屿。

（2）邮轮始发港

指以始发航线为主，兼顾挂靠航线的邮轮港口。除访问港基本功能外，邮轮始发港应具备邮轮补给、垃圾污水处理、游客通关、行李托送、旅游服务、船员服务等功能。邮轮始发港多分布在腹地人口稠密、经济发展水平较高、旅游资源丰富、交通便捷的港口城市。

（3）邮轮母港

指邮轮游客规模更大、服务功能较为完备和城市邮轮相关产业集聚度较高的始发港。它是邮轮公司的运营基地，除具备始发港基本功能外，还应具备邮轮维修保养、邮轮公司运营管理等功能。邮轮母港是市场发展到一定阶段的产物，通常由邮轮公司根据市场需求、城市依托条件和企业经营战略来确定。

2. 邮轮港口具备的基本条件

邮轮港口是发展邮轮旅游、提升邮轮经济贡献的重要基础设施。在邮轮港口的吸引力方面，地理区位、气候环境、城市经济发展、区域旅游资源、基础设施配套等都起着一定的作用，对于有效提升游客服务质量有着重要的影响，会直接影响邮轮是否选择靠泊或作为母港。

以下为邮轮母港必须具备的基本条件。

① 港口接待能力。邮轮接待能力的提升是有效提升邮轮港口吸引力、满足市场需求日益增长、推进邮轮产业链延伸的重要路径。随着世界邮轮建造大型化的趋势日渐明显，大型邮轮对邮轮母港的接待能力提出更高的要求。邮轮接待能力主要包括港口的码头前沿水深条件、客运大楼接待能力、航道宽度及深度、码头泊位的大小等方面。

② 交通便捷性。便捷的对外交通是形成邮轮母港的重要基础。邮轮的载客量较大，需要短时间内实现集散的功能，需要具备完善的道路及公共交通工具等体系，这对于有效提升游客体验也具有良好的作用。

③ 城市基础设施。邮轮母港一般分布于经济较为发达的城市，需要具备完善的基础设施，拥有邮轮企业总部、邮轮船供分拨中心以及相应的商业配套设施、金融保险企业，从而吸引更多的国内外邮轮相关企业集聚。

④ 市场规模。具有世界影响力的邮轮母港必须具备良好的客源基础，这也是形成邮轮母港最为重要的基础条件之一。邮轮母港会吸引更多的国际邮轮公司集聚，投放更多的国际邮轮，实现邮轮市场规模的持续扩大。

⑤ 旅游发达程度。在旅游业的发展中，旅游业对区域经济发展的贡献逐渐凸显，政府对旅游的投入加大，旅游基础设施得到了进一步的完善。旅游业的发展使人们对旅游的认知逐渐提高，使得更多的人参与到旅游中，进而推动旅游政策逐步健全，旅游环境得到明显的改善，旅游目的地的建设逐步完善。

二、世界主要邮轮港口

M4-2　世界主要邮轮港口

1. 美国迈阿密邮轮港

迈阿密邮轮港是世界上最大的邮轮码头，每年到迈阿密乘坐邮轮旅游的人数占全球邮轮旅游总人数的 1/3 左右。这里是多家巨型邮轮公司的始发港，皇家加勒比、美国嘉年华、诺唯真邮轮等公司旗下的数十艘巨无霸超级邮轮从这里出发，常年在风景如画的加勒比海和墨西哥湾等地往返航行，每年游客超过 500 万人次。

（1）地理位置

迈阿密是美国佛罗里达州东南部著名的滨海旅游城市，是美国第四大都市圈的核心城市，邮轮港位于道奇岛西侧，泊位岸线长度达 2.7km，主要码头设施沿连港大桥平行分布，北部有 6 个泊位，南部有 1 个。20 艘左右邮轮以其作为母港，邮轮年靠泊周转量位居世界第一。

迈阿密邮轮港实际为一个岛屿，占地面积为 260 万 m^2，拥有 2 000m 的海岸线。美国嘉年华邮轮集团、皇家加勒比游轮有限公司、诺唯真邮轮公司等均在迈阿密设立总部或者分支机构。迈阿密一直享有"世界邮轮之都"的美誉，是美国国内首屈一指的海港城市。

（2）气候条件

迈阿密属亚热带气候，为美国本土冬季最温暖的城市之一。该地没有明显的四季之分，只有干湿季之分，湿季六个月，干季在冬季。

（3）旅游资源

迈阿密国际机场是世界上最繁忙的机场之一，是美国东南部重要的国际集散地，每年航空旅客超过 3 500 万人次。这里的海滩浴场长达 20 余千米，市区内外公园密布，交通和服务设施十分完善，是世界著名的旅游胜地。从迈阿密始发的航线可以让邮轮旅客去各种各样的目的地游玩，包括巴哈马、墨西哥、加勒比海地区、南美、欧洲、远东和世界各地的其他港口。充满乐趣、丰富多彩的行程更是从 4～14 天不等，甚至可以延长时间。

迈阿密地区旅游景点主要包括佛罗里达大沼泽地、丛林岛、迈阿密儿童博物馆和迈阿密水族馆，而时尚的南海滩以及世界闻名的装饰艺术区更是每位游客都不可错过的景点。迈阿密设计保护联盟提供自助语音导览、导游或骑自行车游览等服务，可以让旅客更好地观赏 800 多个令人赞叹的装饰艺术建筑。

迈阿密正在日渐成为一个名副其实的美食之都。这个城市现在拥有 6 000 多家餐厅，从休闲的露天咖啡馆到供应本土菜肴的各式餐厅，从加勒比风味、埃塞俄比亚风味、日本风味再到法国风味，能满足当地居民和游客们的各种饮食需求。

邮轮游客还可以参加在迈阿密举行的丰富多彩的节日活动，如装饰艺术周末、椰林艺术节、迈阿密国际游艇展、南海滩美酒美食节、展示迈阿密拉丁风情的"迈阿密狂欢节"等。此外，迈阿密邮轮码头还开发出各具特色的旅游产品，如贝赛德市场旁边的购物一条街。

（4）配套设施

迈阿密邮轮码头位于市中心海滩的黄金地段，距机场仅有 15min 车程，离市中心最近的大型购物、宾馆、餐饮区仅有几分钟车程。迈阿密的两座邮轮客运枢纽站拥有世界上最先进的管理设施系统，能够同时为游客的出行提供服务；拥有舒适的休息大厅、多个商务会议大厅、全封闭并加装中央空调的游客上船通道，以及完善的订票系统、安全系统、登轮查验系统和行李管理操作系统等；拥有能够容纳 700 多辆汽车的车库。先进的信息化服务能够高效率指挥码头内部的交通，为游客出行提供近乎完美的服务。

此外，迈阿密邮轮母港处处体现"游客至上"的服务理念。一是服务范围无微不至，如私人汽车看管、汽车出租、搬运车预约、公共汽车查询、自动银行和问询处等均有提供。二是服务力求便捷，邮轮游客只需买票、验票、候船、登船，行李则由码头的行李处理设备送到各自的座位。同样，行李处理系统也会在邮轮游客回到目的港以后将其行李送到指定的位置，甚至可以直接转到飞机上或酒店里。三是服务形式多种多样。迈阿密邮轮客运枢纽站的业务流程设置相当规范，商店、游客、行李和船舶均为独立管理，并将第三层楼设计成与船体同一高度，便于游客上下船。

除此之外，这座多元化的城市为到此出游的邮轮游客创造了许多的便利和优惠，其中包括最先进的客运码头和合理的长期停车收费制度等。

2. 西班牙巴塞罗那邮轮港

巴塞罗那港是很多豪华邮轮欧洲线路的重要一站，是世界邮轮游客和邮轮公司最青睐的目的港口之一，它也是西班牙最大的邮轮港口。巴塞罗那港的邮轮码头按位置可以分为三组：① Adossat Quay，包括码头 A、B、C、D，离市中心最远；②世界贸易中心（World Trade Centre，WTC）码头，有 3 个码头——北码头、南码头和东码头；③巴塞罗那旧港（也称贝尔港或维尔港）（Maremagnum Port Vell），主要停靠大型船舶。

（1）地理位置

巴塞罗那位于西班牙最大的自治区——加泰罗尼亚大区，该大区位于伊比利亚半岛东北部，北部隔比利牛斯山与法国和安道尔接壤，西为阿拉贡大区，南接瓦伦西亚大区，东南是长达 500km 的海岸线，与巴利阿里群岛隔海相望。巴塞罗那城市位于该大区的东海岸，濒临地中海，它是西班牙第二大城市，有"地中海曼哈顿"之称。

（2）气候条件

巴塞罗那属地中海式气候，夏季炎热干燥，冬季温和多雨，一年四季都适合旅游。冬天的平均温度为 11℃，夏天的平均温度为 24℃。去巴塞罗那的最佳季节是夏天，可以充分地享受地中海的阳光和沙滩上的日光浴。

（3）旅游资源

巴塞罗那因其数量众多、特色鲜明的公园而著名，全市共有六十多座市立公园。巴塞罗那是世界著名的港口城市和旅游城市，海滨气候宜人，风和日丽，形成一连串景色秀丽的海湾。这里的阳光、沙滩、浪漫的西班牙风情和迷人的地中海风光每年都吸引着数以万计的世界各地游客。

巴塞罗那邮轮码头聚集了港口区最吸引游客和当地人的集商业、娱乐、餐饮于一身的三大建筑——Maremagrl Lim 大楼、水旅馆、IMAX 电影馆等。最具标志性的是一座名为"海上的兰布拉大街"的新建木制吊桥，桥身呈波浪起伏的"S"状，桥上立着一段段顶部带曲线的栏杆，远观好像一条条鱼穿游于海中，设计十分巧妙。

巴塞罗那人文旅游资源丰富，安徒生到那里访问时，曾称巴塞罗那为"西班牙的巴黎"。西班牙现代艺术巨匠如米罗、达利等人都诞生于此。巴塞罗那更因成功举办 1992 年第 25 届夏季奥林匹克运动会而闻名全球。

市区内哥特式、文艺复兴式、巴洛克式建筑和现代化楼群相互辉映。在和平之门广场和加泰罗尼亚广场之间，以大教堂为中心，有无数值得参观的建筑物。

巴塞罗那还有很多音乐厅和歌剧院，如世界著名的格兰·德尔·利索歌剧院、加泰罗尼亚国立歌剧院、勒吕尔歌剧院、加泰罗尼亚音乐宫等。每年 6 月在巴塞罗那还有索纳尔音乐节。

巴塞罗那的博物馆和艺术馆数目众多，涵盖了不同地区和不同时期的作品。

（4）配套设施

巴塞罗那酒店众多，服务精良，机场有国际航班接驳，港口有专门为邮轮而设的相关设施。这些因素都促使该市成为邮轮旅游的理想基地。

3. 新加坡邮轮港

新加坡是亚洲邮轮产业发展最快、邮轮市场发展最成熟的国家，新加坡邮轮港被世界邮轮组织誉为"全球最有效率的邮轮码头经营者"。邮轮产业带来的人流和消费使新加坡的 GDP 增长十分可观。

（1）地理位置

新加坡是东南亚的一个岛国，也是一个城市国家，位于马来半岛的南端，毗邻马六甲海峡南口，其南面有新加坡海峡与印度尼西亚相隔，北面有柔佛海峡与马来西亚相隔。新加坡港是新加坡通往世界的交通枢纽，是亚太地区最大的转口港，也是世界最大的集装箱港口之一。该港是太平洋及印度洋之间的航运要道，战略地位十分重要。

（2）气候条件

新加坡是一个置身于海洋的岛国，是热带海洋性气候，而新加坡的地理位置又是在赤道的北方，所以就成了赤道型的热带雨林气候。这里平均月气温为24 ～ 27℃，所以喜欢日光浴的旅游者可以在这里好好享受。没有台风侵袭的新加坡降雨量却不少，年降雨量大约是 2 400mm，每年的 10 月到次年的 3 月是新加坡的雨季，6 到 8 月份是比较干爽的干季。

（3）旅游资源

新加坡由于地域小，所以交通特别便利，其购物、餐饮、酒店业均居亚洲前列，旅游收益已成为国家主要的收益之一。新加坡旅游资源并不丰富，但政府比较重视旅游业的发展，重视旅游业的规划与投资，懂得利用自己得天独厚的地理位置，因地制宜，发展会展旅游、奖励旅游、购物旅游、医疗保健旅游、邮轮旅游、主题公园旅游等多种旅游形式，对于旅游宣传和促销的力度也很大。新加坡在自身资源先天不足的情况下迅速发展为亚洲乃至世界重要的旅游目的地之一。

新加坡有两大主力滨海旅游景区：滨海湾花园和圣淘沙岛。新加坡在城市保洁方面效果显著，亦有"花园城市"之美称。

（4）配套设施

新加坡是全球最大的海洋转口运输中心之一，拥有完整的港口及海事服务、全球范围的海运网络以及全面的物流服务方案，也是亚太地区的邮轮中心。新加坡邮轮港与全世界100多个国家和地区的600多个港口相连接。每天都有船只从新加坡港开往全世界各个主要港口。

4. 意大利威尼斯邮轮港

（1）地理位置

威尼斯是意大利东北部城市，亚得里亚海威尼斯湾西北岸重要港口，曾经是威尼斯共和国的中心，被称作"亚得里亚海明珠"，是世界最浪漫的城市之一。

威尼斯面积414.57km²，主体建于离岸4km的海边浅水滩上，平均水深1.5m。有铁路、公路、桥与陆地相连。由100多个小岛组成，并以100多条水道、400多座桥梁连成一体，以舟相通，有"水上都市""百岛城""桥城""水城"之称。

（2）气候条件

威尼斯是典型的地中海式气候，其最显著的特点就是夏季高温干燥，冬季低温多雨。威尼斯四季分明，威尼斯的春季是一个不错的旅游季节，温度一般在十多摄氏度，晴朗无云，微风吹拂，让游客们感到很舒适。

（3）旅游资源

威尼斯被称为欧洲的入口，风光旖旎、充满艺术特色是其主要特征，是欧洲文艺复兴的精华。它的建筑、绘画、雕塑、歌剧等在世界有着极其重要的地位和影响。威尼斯的环境很特别，它建于威尼斯潟湖内的滩涂之上，整个城市的建筑均扎根于水下，仅以舟船相通，城内没有车辆，也是世界上唯一没有汽车的城市。

威尼斯城内古迹众多，有100多座哥特式、文艺复兴式、巴洛克式教堂，100多座钟楼，60多座男女修道院，40多座宫殿和众多的海滨浴场。歌德和拜伦都曾对威尼斯城赞扬备至，拿破仑则称其为"举世罕见的奇城"。大水道是贯通威尼斯全城的最长的街道，也是主航道，它将城市分割成两部分，顺水道观光是游览威尼斯风景的最佳方案之一，两岸有许多著名的建筑，到处是作家、画家、音乐家留下的足迹。圣马可广场是威尼斯的中心广场，广场东面的圣马可教堂建筑雄伟、富丽堂皇。总督宫是以前威尼斯总督的官邸，各厅都以油画、壁画和大理石雕刻来装饰，十分奢华。总督宫后面的叹息桥是已判决的犯人去往监狱的必经之桥，犯人过桥时常忏悔叹息，因而得名"叹息桥"。因为威尼斯整座城市建在水中，水道即为大街小巷，船是威尼斯唯一的交通工具，当地的小船贡多拉独具特色。这里在2～3月份会举行狂欢节，其间人们戴着假发和面具，穿上古怪的服装，隐藏起身份，尽情释放欢乐。

总的来说，邮轮将游客带到威尼斯，主要去打卡的著名旅游景点有老城区的里亚托桥、圣马可广场、圣马可大教堂、黄金宫、总督宫、"叹息桥"等，也会到达其他外岛，如玻璃岛、彩色岛、利多岛等。

（4）配套设施

威尼斯邮轮中心港共有3个专业的邮轮码头，第3个邮轮码头2002年开始运营，9 000m^{2}的现代建筑特征的客运中心为游客提供全方位的服务。邮轮中心可同时接待9艘大小不等的邮轮。作为一个海上贸易中心，威尼斯有着深厚的海洋文化，并且一直以海为生，其优越的终端设施能为邮轮提供抵达、离开及进入旅游目的地的优质服务。

5. 美国纽约邮轮港

（1）地理位置

纽约市位于美国纽约州东南部大西洋沿岸，是美国第一大城市及第一大港口，纽约都市圈为世界上最大的城市圈之一，由曼哈顿、布鲁克林、皇后区、布朗克斯和斯塔滕岛五个区组成，曼哈顿区是纽约中心城区。纽约港也叫新泽西港，是美国最大的海港，位于纽约州东南的哈德逊河河口，濒临大西洋。港区面积有3 800km^2，有水深9～14.6m的深水泊位400多个，集装箱码头30多个，是世界上港区面积最大的港口。整个港区有140多条货、客运航线通往世界各地。

（2）气候条件

纽约属寒温带，受湖泊、河流以及大西洋的影响，夏季更为凉爽，冬季更为温和。年降雨量在760～1 270mm之间。这里也常受到飓风的影响。

（3）旅游资源

纽约市坐拥大纽约都会区的核心地带，是一座世界级国际化大都市，也是世界第一大经济中心，其GDP位居世界前列。纽约的金融区，以曼哈顿下城及华尔街为龙头，被称为世界的金融中心。

纽约市是美国人口最多的城市，也是个多族裔聚居的多元化城市，拥有来自90多个国家和地区的移民。曼哈顿的唐人街是西半球最为密集的华人集中地。

纽约市是众多世界级画廊和演艺比赛场地的所在地，使其成为西半球的文化及娱乐中心之一。由于纽约24h运营地铁和从不间断的人群，纽约又被称为"不夜城"。

纽约是世界上无与伦比的娱乐城市。芭蕾、古典音乐、歌剧、大型音乐会、爵士音乐摇摆舞、戏剧、电影、卡巴莱歌剧表演、迪斯科、钢琴演奏等表演应有尽有，达到世界一流水平。

纽约拥有充满世界级艺术和历史展品的博物馆，令人目不暇接。每年来到纽约的游客达到5 500万人，来体会这座城市极其丰富的文化和多元性。纽约作为世界上摩天大楼最多的城市，以建筑本身作为景点的当然就不在少数。想要一睹现代文明的壮观景象，绝对不能错过帝国大厦、克莱斯勒大厦和洛克菲勒中心。另外，百老汇、布鲁克林大桥和自由女神像也是纽约不可错过的景点。

（4）配套设施

纽约邮轮母港有2个码头——曼哈顿邮轮码头和布鲁克林邮轮码头。其中曼哈顿港有88、90、92号三个邮轮泊位，布鲁克林港的12号码头为邮轮泊位。曼哈顿港是全美第三繁忙的邮轮大港，服务于嘉年华邮轮公司、诺唯真邮轮公司、公主邮轮公司以及荷美邮轮公司等9家世界著名的邮轮公司。2006年正式营运的布鲁克林邮轮码头交通便利、接待设施齐全，从码头附近的滨水公园开始，就是纽约港湾和自由女神像等旅游景点，背后有两条繁华的旅游街，是游客购物、休闲和享受美食的理想去处。乘邮轮可以全方位游览纽约曼哈顿岛,可以一路看到自由女神像、帝国大厦、联合大厦等著名标志性建筑。

6. 加拿大温哥华邮轮港

（1）地理位置

温哥华位于加拿大不列颠哥伦比亚省南端,是该省的第一大城市,也是加拿大西部最大的城市,是加拿大西部的工商业和金融中心、世界著名的国际大都市。

温哥华港是加拿大西海岸的大型港口,位于该国西南温哥华市北部的一个狭湾内,船舶出入港经乔治亚海峡、胡安·德富卡海峡。

（2）气候条件

温哥华属温带海洋性气候,它三面环山,一面傍海,虽处于和中国黑龙江省相近的高纬度,但南面受太平洋季风和暖流的影响,东北部有纵贯北美大陆的落基山脉作屏障,常年气候温和湿润,环境宜人,市区内草地常绿、繁花似锦,曾多次被评选为全球最宜居的城市之一,是加拿大著名的旅游胜地。

（3）旅游资源

温哥华有冰川覆盖的山脉、众岛点缀的海湾,绿树成荫、风景如画,四周尽是自然景致。乘车从大街出发,只需 30min 便可看见大平原,这里盛行帆船、垂钓、远足等运动,作为一个世界著名的旅游城市,卓越的生活品质令人赞叹。像温哥华这样,既能领略雪山峡湾美景,还能看到大都市的繁华蓬勃,世界上恐怕很难找到其他的城市。此外,温哥华的旅游景点众多,主要包括斯坦利公园、狮门大桥、加拿大广场、伊丽莎白女王公园、格罗斯山、卡皮兰诺吊桥、唐人街（有千禧门、孙中山花园等）、惠斯勒山滑雪场等。

（4）配套设施

温哥华邮轮母港有加拿大广场邮轮码头和巴兰坦邮轮码头两个邮轮码头。

其中,加拿大广场邮轮码头又称为五帆广场邮轮码头,有 506m、329m 和 274m 长的 3 个邮轮泊位。它位于温哥华市中心的五帆广场,有五个大白帆,是加拿大市的标志性建筑物,它是在 1986 年温哥华建市 100 周年时完工,当时作为温哥华世博会加拿大馆而设计建造。整座建筑酷似一艘破浪远航的巨轮,特别是楼顶由玻璃纤维制作的五组白帆迎风高扬,在蓝天下显得格外醒目壮观。游客把这里视为市中心必游之地,温哥华城市的购物中心、餐馆、旅游景点和斯坦利公园就在加拿大广场邮轮码头附近。

巴兰坦邮轮码头位于温哥华市区东面百年路,离加拿大广场邮轮码头很近,距离商店、旅游景点、酒店也较近,配套设施完善,并且往返于温哥华机场的交通非常便捷,距离温哥华国际机场大约仅 30min 车程。这一切使得温哥华港有别于北美其他邮轮港口。

另外,温哥华港也是前往阿拉斯加享受邮轮之旅的最佳邮轮母港,每年 5～9 月阿拉斯加航线开始运营后,包括皇家加勒比、精致、荷美、公主、诺唯真、歌诗达等各大主流邮轮公司都有船只聚集于此,并往返于加拿大与阿拉斯加之间。

温哥华港作为全世界一流的邮轮母港,拥有安全与现代化的服务环境与设施,每年可接待超过 300 艘次的邮轮和超过 100 万旅客。温哥华邮轮港附近的配套商贸设施十分齐全，主要有加拿大西部最大的展览中心、太平洋豪华度假酒店、世贸中心商务大厦、IMAX 影剧院和大型室内停车场等。

7. 阿联酋迪拜邮轮港

（1）地理位置

迪拜是阿拉伯联合酋长国七个酋长国之一迪拜酋长国的首府，它位于中东地区的中央，是面向波斯湾的一片平坦的沙漠之地。迪拜港是阿联酋最大的港口，它位于阿拉伯联合酋长国的东北沿海，濒临波斯湾的南侧。从宏观地理来看，该港地处亚欧非三大洲的交会点，是中东地区最大的自由贸易港，尤以转口贸易发达而著称。

（2）气候条件

迪拜全年只有两个季节——夏季和冬季。四月到十月之间，天气非常炎热，温度可达四十摄氏度以上，天气比较干燥，偶有大风或沙尘暴。11 月至第二年 4 月为冬季，是迪拜气候最舒适的季节，也是迪拜的旅游旺季，平均温度在 20～25℃。全年降水量约 100mm，多集中在冬季。

（3）旅游资源

迪拜是阿联酋人口最多的城市，也是中东地区的经济金融中心、中东地区旅客和货物的主要运输枢纽。迪拜也通过大型建筑项目和体育赛事吸引全世界的目光，它确实拥有多个世界之最：七星帆船酒店、最高的迪拜塔（哈利法塔）、最大人工岛——棕榈岛、第八大奇迹——地球群岛、最大的购物中心和室内滑雪场等。

碧海蓝天、沙漠风情、奢华酒店、顶级建筑、免税天堂、黄金集市，迪拜带给游客的冲击力绝对超乎想象。在迪拜徜徉美景、畅快购物之后，还可以在顶级酒店品尝阿拉伯风味美食。

（4）配套设施

迪拜邮轮码头位于拉希德港，在迪拜市的北边，最早的邮轮码头于 2001 年 3 月启用。建有 2 个泊位，泊位水深 11.1m，能够同时处理 2 艘大型邮轮或 4 艘中型邮轮，码头的设计每日最高处理客量为 4 000 人。客运大楼的外形像一艘船，室内面积 3 000 多平方米。码头设有出入境、海关及保安办公室、半自动化行李处理系统、商业中心、数据中心、娱乐系统、饮食设施、银行、邮政局、棕榈园、旅游车停车位及的士站。迪拜邮轮码头由迪拜政府拥有并由推广部经营，是世界上唯一由政府直接经营的邮轮码头。

2010 年，新开港的迪拜新邮轮码头占地 3 450m²，可同时容纳 4 艘船。新邮轮码头的外观设计蕴含了十足的当代阿拉伯风味，彰显了迪拜人既传统又现代的人文气息。

2014 年迪拜又建成哈姆丹·本·穆罕默德码头，它是世界上规模和吞吐量最大的邮轮码头之一，截至 2018 年底，共接待游客 230 多万人次。

总之，迪拜码头是世界上规模和吞吐量名列前茅的邮轮码头，其码头经过多次新建、扩建，泊位的长度将近 2 000m，可同时容纳多达 7 艘巨型船只，载客逾 18 000 人。

迪拜码头也是现代迪拜的标志性区域，这里标志性的高楼群、世界级的豪华酒店、美丽的沙滩、购物商城和人行步道，以及咖啡馆、饭店和商店星罗棋布。每到夜晚，游客涌向这里，熙熙攘攘的人群以及迷人的海港夜景散发着中东风情。摩天大楼在水面映射出重重倒影，灯火阑珊的餐厅一家挨着一家，配着舒缓悠扬的中东音乐，使人流连忘返。

8. 澳大利亚悉尼邮轮港

（1）地理位置

悉尼位于澳大利亚的东南沿岸，是澳大利亚新南威尔士州的首府，也是澳大利亚面积最大、人口最多的城市。悉尼港，又称杰克逊港，东临太平洋，西面 20km 为巴拉玛特河（Parramatta River），南北两面是悉尼最繁华的中心地带。因此，有人称悉尼港是城中港。悉尼港是大洋洲众多的港口码头中最美丽的码头，是澳大利亚最大城市的港口。

（2）气候条件

悉尼属于副热带湿润气候，全年降雨。悉尼天气是由邻近的海洋调节的。最暖的月份是 1 月，沿海地区的温度是 18.6 ～ 25.8℃，最冷的月份是 7 月，平均极端值是 8 ～ 16.2℃。

（3）旅游资源

悉尼是国际主要的旅游胜地，以悉尼歌剧院和悉尼大桥而闻名。悉尼歌剧院坐落于环形码头的右侧，是最令游客向往的景观之一，也是各国游客到悉尼旅游的必去景点，这在很大程度上提升了澳大利亚邮轮旅游业的吸引力。

悉尼大桥和悉尼歌剧院一样，也是澳大利亚的标志性建筑，悉尼大桥有许多重要的意义，它是连接港口南北两岸的重要桥梁，是悉尼歌剧院的完美背景，也是摄取港口全景的绝佳地点。

当邮轮停靠在环形码头边时，站在邮轮甲板上，看着朝阳从悉尼歌剧院背后徐徐升起，整个悉尼港都被漫天的金光所笼罩，眼前的悉尼大桥就像是一条活着的黑龙托起海港两侧。悉尼港可以说是现代化建筑与自然风光完美结合的代表。

悉尼拥有许多博物馆，最大的要数澳大利亚博物馆，主要为自然史与人类学。悉尼市区内也有许多自然空间，位于市中心的有中国友谊花园、海德公园与皇家植物园。大悉尼区还有数个国家公园，其中包括全球第二个成立的国家公园——皇家国家公园。

（4）配套设施

悉尼港是澳大利亚唯一的有两个邮轮码头的港口，达令港区的 8 号码头和环形码头的国际邮轮游客码头，都位于悉尼市中心，并接近主要旅游区。每年的 11 月和次年 4 月的邮轮旅游旺季，悉尼港接待 30 多艘国际邮轮，公主邮轮将其作为邮轮母港。

悉尼邮轮码头是坐落在悉尼港的一个新邮轮设施，旨在为澳大利亚迅速扩大的休闲产业服务。悉尼邮轮码头建筑结构简单而富有情趣，空间灵活、明亮、通风，适用于各种用途，并为该城市的游客营造了一个标志性且令人难忘的体验环境。

环形码头是渡船和游船的离岸中心地，人们可以选择各种档次和航程的渡船、游船，来欣赏悉尼港这一自然海港的美丽景色。当然这里也成为澳大利亚最繁华的游客集散中心点。这里有停泊设施及潜在的扩展条件，有较好的轮船维护基地。

悉尼港务公司是悉尼港的所有者和管理者。该公司将可持续发展作为企业根本的社会责任，最大限度地降低风险。悉尼港除了维持商业航运港口的航行安全和危险品管理的工作外，也负责突发的海洋事故，以确保港口安全。

9. 土耳其伊斯坦布尔邮轮港

（1）地理位置

伊斯坦布尔是一个同时跨越欧、亚两大洲的名城，位于巴尔干半岛东端、博斯普鲁斯海峡南口，扼黑海入口，为欧亚交通要道，战略地位极其重要。

伊斯坦布尔港位于欧亚两大陆的分界线上，这里是人类历史上纠纷最复杂的地方。在漫长的人类历史上，东罗马帝国、奥斯曼帝国都曾以此地为首都，因此，伊斯坦布尔港无论是自然风光还是历史文化底蕴，都是当之无愧的世界顶级邮轮港之一。

（2）气候条件

土耳其北部、西部和南部沿海地区属典型的地中海式气候，夏季炎热干燥，冬季温和多雨；内陆及东部地区温带大陆型气候明显，夏季炎热干燥，冬季酷寒。

（3）旅游资源

自古以来，伊斯坦布尔就以其绝佳的地理位置、丰富的历史文化遗迹和令人着迷的融合性文化而著称。这里的清真寺、博物馆、教堂、宫殿、大建筑、小街巷，从人文艺苑到自然景观，全都让人流连忘返。游客乘坐邮轮到达伊斯坦布尔主要游览以下著名旅游景点。

●博斯普鲁斯海峡：又称伊斯坦布尔海峡，是亚欧大陆的分界线。乘船游览时，前一分钟人还在亚洲，后一分钟就来到了欧洲，是非常奇妙的体验。

●托普卡帕宫：又称老皇宫，是历任苏丹（奥斯曼帝国的最高统治者）工作和居住的地方，仿佛一个城中城，展出了大量珍贵文物，在此可以俯瞰马尔马拉海和博斯普鲁斯海峡。

●加拉太塔：新城的地标，登上塔顶可以鸟瞰伊斯坦布尔部分城区。它是拜占庭皇帝阿纳斯塔修斯在 507 年修建的灯塔，这里有诸多的咖啡吧和餐馆。

●多尔玛巴赫切宫：位于博斯普鲁斯海峡旁边，完工于 1856 年，是奥斯曼帝国苏丹阿卜杜勒·麦吉德居住的新宫殿，将奥斯曼风格和欧洲风格融为一体，令人叹为观止。

●君士坦丁堡赛马场：是一个古罗马竞技场，曾是拜占庭帝国的都城——君士坦丁堡的体育和社交中心。如今这里是伊斯坦布尔老城中心的苏丹艾哈迈德广场，原来的建筑只保存了少数的片段。

（4）配套设施

伊斯坦布尔港区分布按方位可分为内海（内港区）、北港（区）、南港（区）和东港（区）四大区域。其中北港（区）指加拉塔大桥以北、港市北部海峡西岸，有卡拉科伊港。邮轮码头就位于卡拉科伊港，该邮轮码头岸线总长 520m，沿边水深 7～10m。很多海外豪华邮轮都会经停伊斯坦布尔的卡拉科伊港，码头位于（欧洲部分的）老城区和塔克西姆附近。港口距机场约 20km，每天有定期航班飞往世界各地。

拓展学习

利用互联网的电子地图，搜索以上各大主要邮轮港口的地理位置，查看他们的卫星图，了解他们的真实面貌。

第二节　认识中国主要邮轮港口

M4-3　中国主要邮轮港口

2015 年《全国沿海邮轮港口布局规划方案》提出，2030 年前，全国沿海形成以 2～3 个邮轮母港为引领、始发港为主体、访问港为补充的港口布局。在始发港布局中：辽宁沿海重点发展大连港；津冀沿海以天津港为始发港；山东沿海以青岛港和烟台港为始发港；长江三角洲以上海港为始发港，相应发展宁波舟山港；东南沿海以厦门港为始发港；珠江三角洲近期重点发展深圳港，相应发展广州港；西南沿海以三亚港为始发港，相应发展海口港和北海港。

知识内容

一、香港邮轮母港

1. 地理位置

中国香港作为亚洲重要的邮轮母港，具有其天然和独特的地理位置优势。香港位于中国南部、珠江口以东，西与澳门隔海相望，北与深圳相邻，南临珠海万山群岛，区域范围包括香港岛、九龙、新界和周围 262 个岛屿。在海运方面，香港地处于东亚海域的中心地带，连接着东亚和东南亚，以珠江三角洲为据点，直通内地，连通着广阔的内地市场。

2. 港口发展

香港邮轮码头有两个：香港海运大厦邮轮码头和香港启德邮轮码头。

香港海运大厦邮轮码头于 1966 年启用，位于香港九龙尖沙咀维多利亚湾内，九龙半岛最繁盛地段——尖沙咀。泊位长 380m，可同时停泊 2 艘大型邮轮或 4 艘小型邮轮。海运大厦除了邮轮码头外，还包括约 1 111m² 的写字楼，以及 72 000m² 的商场。而海港城的商场部分则是全香港面积最大的购物中心。

香港启德邮轮码头于 2013 年启用，位于启德国际机场旧址，可停靠两艘 22 万吨级巨型邮轮。2 个邮轮泊位总长 850m，水深 12～13m。800m 长的邮轮码头大楼（CTB）占地 7.6hm²。高效的海关、移民和检疫（CIQ）设施每小时可处理 3 000 位乘客。

香港还有着非常发达的综合交通。

在海运方面：香港地处于东亚海域的中心地带，连接着东南亚和东亚，与亚洲

地区主要的邮轮港口有便捷的海上通路，且距离都在 7 日航程之内。因此，国际邮轮公司选择香港作为邮轮航线的枢纽，使之成为许多亚洲航线的中途站。

在陆路方面：香港拥有高度发达及复杂的交通网络，主要由铁路、巴士、小巴、的士、渡轮及公路、桥梁、隧道等组成。

在航空方面：香港海运大厦码头至香港国际机场仅约 34km，近半小时车程，2010 年起，香港国际机场的货运量连续 7 年位居世界第一位，按国际旅客客运量计算，它是世界第二繁忙的国际机场。

3. 旅游资源

香港属于亚热带气候，最佳的旅游时间为每年 10～11 月。作为中西文化汇流的聚点，高度的文化差异造就了国际性的大都会。香港可以带给你各种各样的旅游体验，游客可以踏足登山步道，亲近大自然，亦可漫步霓虹灯点缀的街道，感受大都市的繁华。从古老的庙宇到极富现代感的摩天大楼，从热闹市集逛到海边渔村，感受不一样的风情，其乐无穷。主要旅游景点有：香港海洋公园、金紫荆广场、香港会展中心、维多利亚港、太平山顶、庙街、荷李活道、兰桂坊、皇后像广场、中环摩天轮、中环附近的博物馆、嘉咸街、星光大道、维多利亚港、天际 100 观景台、海滨花园、海港城、香港迪士尼乐园、天坛大佛、昂坪 360、宝莲寺、大澳渔村、港珠澳大桥等。

二、上海国际邮轮母港

1. 地理位置

上海地处中国东部、长江入海口，北、西与江苏、浙江两省相接。上海邮轮港包括上海吴淞口国际邮轮港和上海港国际客运中心，"一港两码头"，共同打造上海国际邮轮母港。在定位分工方面，吴淞口国际邮轮港主要停靠 7 万吨级以上的国际邮轮，国际客运中心主要接待吨位较小的邮轮。

上海吴淞口国际邮轮港由上海市宝山区政府与中外运上海长江轮船公司联合成立，2011 年开港，位于上海宝山区吴淞口长江岸线的炮台湾水域，即长江、黄浦江、蕰藻浜三江交汇处，地理位置优越，水陆交通便利。未来发展将由"邮轮码头"向"邮轮港"和"邮轮城"转变。

2. 港口发展

上海是中国内地发展邮轮产业最快的地区，是对邮轮产业最为敏感、潜力最大的城市，也是我国第一个获批的中国邮轮旅游发展实验区。2006 年 7 月，歌诗达邮轮携"爱兰歌娜"号来到上海，开展中国第一次母港运营，开启了中国邮轮全新时代。经过十多年的发展，上海港已经成为亚洲第一、全球第四大邮轮母港，在 2019 年邮轮界权威的行业峰会——Seatrade 亚太邮轮大会上，嘉年华集团宣布，在中国成立邮轮合资公司，被誉为世界造船业皇冠的邮轮制造首次落户中国，首批两艘量身定制的新邮轮最早于 2023 年交付。此举有望打破世界造船版图中意大利芬坎蒂集团、德国迈尔造船厂和法国大西洋造船厂三足鼎立的局面。

在具备邮轮发展潜力的港口都市中，上海位于长江的入海口，它是长江三角洲的中心，地理位置优势非常明显。从世界和亚洲旅游版图上看——以上海为中心，豪华邮轮可以在 48 个小时内通达韩国、日本、新加坡、中国香港、中国台湾等地。上海也是中国近海邮轮航线和亚洲邮轮航线的圆心所在。从上海所处经纬度坐标上看——上海地处中纬度，以上海为母港，夏季可以重点开发前往北部沿海乃至日本、韩国、俄罗斯的航线，冬季可以重点开发前往南部沿海乃至东南亚的航线，使淡旺的周期达到最小，邮轮经济效益达到最大。

上海吴淞口国际邮轮港于 2008 年 12 月 20 日开工建设，于 2010 年 4 月 27 日成功靠泊"钻石公主"号，2011 年 10 月正式开港试运营。一期岸线长达 774m，建有 2 个大型邮轮泊位，同时可靠泊 1 艘 10 万吨级邮轮和 1 艘 20 万吨级邮轮。为适应上海邮轮产业的高速发展，上海吴淞口国际邮轮港于 2015 年 6 月 18 日正式开工建设后续工程项目。在原有一期的基础上向上下游延伸，新建 2 个大型邮轮泊位。建成后码头总长度达 1 600m，共可布置 2 个 22.5 万吨级和 2 个 15 万吨级的邮轮泊位，具备"四船同靠"的接待能力，年总接待能力达 357.8 万人次。2018 年 7 月 13 日，两个新航站楼正式投入使用，实现"三船同靠"，当日游客量突破 2 万人次，创历史新高。

吴淞口国际邮轮码头具有天然的水深优势，独特的自然和人文资源，比较完善的市政、服务等配套设施。港口前沿航道水深常年保持在 9 ～ 13m，距离长江主航道 1 ～ 2km。同时，具有优越的地理优势，快速干道、轨道交通和四通八达的公交系统，共同形成了完善的综合交通网络，快速公路网、铁路、航空更可以迅速、舒适、便捷地将客人送往长三角及国内各个区域。

上海正逐渐形成以吴淞口为母港的上海邮轮、游船观光旅游圈：它可以同长江沿线城市合作，共建长江水上旅游黄金水道；也可以与沿海著名港口城市合作，共同打造沿海水上旅游黄金岸线；同时，吴淞口将致力于成为世界邮轮旅游航线的重要轴心。

上海港还有另外一个邮轮码头，也就是上海港国际客运中心，2008 年投用，位于上海虹口区黄浦江畔、北外滩滨江，地处都市核心区，与外滩和浦东陆家嘴金融贸易区交相辉映。该中心拥有岸线全长近 1 200m，其中码头岸线 882m，现有 3 个邮轮泊位和 15 个游艇泊位，可同时停泊 3 艘 7 万吨级的豪华邮轮，水深 9 ～ 13m。除了为邮轮提供停靠服务外，还提供商业活动场地、特色餐厅、超市等商业配套设施。这里是中国母港邮轮的发源地、上海首个长江中下游内河游轮母港，是黄浦江内唯一具有接待外籍游艇靠泊资质的码头，也是世界首个获得英国劳氏船级社质量体系认证的国际邮轮码头。

2017 年上海港国际客运中心共接待邮轮 46 艘次，接待出入境游客量达到 6.23 万人次，其中 2017 年接待母港邮轮 23 艘次，接待母港邮轮游客量为 2.82 万人次，接待访问港邮轮 23 艘次，接待访问港游客量为 3.41 万人次。

3. 旅游资源

上海是国家历史文化名城，有 19 项全国重点文物保护单位、136 项上海市文物保护单位、4 座上海市级历史文化名镇。

上海城隍庙坐落于上海市最为繁华的城隍庙旅游区，始建于明代永乐年间（1403—1424 年），距今已有近六百年的历史。

上海拥有许多欧美样式的建筑，其中位于外滩的一组欧洲风格的建筑群一直以来就是上海的标志，如花旗银行、和平饭店等。但事实上在市内还有很多二十世纪二三十年代遗留下来的风格各异的花园别墅，例如丁香花园、沙逊别墅、马勒住宅以及嘉道理花园等。

上海的文化被称为"海派文化"。它是在中国江南传统文化（吴文化）的基础上，与开埠后传入的对上海影响深远的欧美文化等融合而逐步形成的，既古老又现代，既传统又时尚，具有开放而又自成一体的独特风格。

上海举办过多次大型文化活动，并建造了多所全国一流的文化设施，包括了上海大剧院、上海博物馆、上海图书馆、上海影城等。每年上海还举办国际艺术节、国际电影节等文化活动。

三、天津国际邮轮母港

1. 地理位置

天津港地处渤海湾西端，位于海河下游及其入海口处，是环渤海中与华北、西北等内陆地区距离最短的港口，有首都北京的"海上门户"之称，也是亚欧大陆桥最短的东端起点。由海路前往北京以至中国北方的外国旅客，大部分在天津港停靠上岸。天津港拥有规模较大、设备较为先进的海上客运站，基本形成国内沿海和国际两方面的定期和不定期邮轮航线。

天津港国际邮轮母港地处京津城市带和环渤海经济交汇点，是我国连通新欧亚大陆桥经济走廊和中蒙俄经济走廊的重要起点，具体位于天津港东疆港区南端，与东疆保税港区毗邻，是中国唯一坐落于自由贸易试验区内的邮轮母港，也是我国北方最大的邮轮母港。

2. 港口发展

2010 年 6 月 26 日正式开港，共 4 个泊位，岸线总长 1 112m，码头前沿水深 11.5m，港池水深 10.5m，按 22.5 万吨邮轮标准设计可以满足三条大型邮轮或四条中小型邮轮同时停靠的需求，同时兼顾客货班轮和滚装汽车船舶的作业需求。2017 年天津国际邮轮母港接待国际邮轮 175 艘次，接待出入境旅客 94.2 万人次。2018 年，天津国际邮轮母港接待邮轮 116 艘次，接待出入境游客 68.3 万人次。

在中日经典邮轮航线的基础上，天津国际邮轮母港先后开发运营了天津至台湾直航邮轮航线、环南太平洋航线、环中国海航线。

借助"一站式作业"口岸通关模式，天津国际邮轮母港推行母港邮轮团队旅客"散进散出"的新通关模式，进一步简化了邮轮旅客通关手续，提高了旅客通关效率。2017 年，边检自助通关通道建设完成并投入使用，京津冀 144h 过境免签政策正式落地天津国际邮轮母港。在第十三届中国邮轮产业发展大会上，天津国际邮轮母港荣获"最佳通关效率"奖。

3. 旅游资源

天津是一座中西合璧、古今兼容的城市，著名的旅游景点有：盘山、天津古文化街（津门故里）、五大道、意式风情街、"天津之眼"摩天轮、黄崖关长城、天津瓷房子、天津滨海航母主题公园、天津海昌极地海洋世界景区、平津战役纪念馆、大沽口炮台遗址、梨木台景区、蓟州独乐寺、仁爱团泊湖、天津水上公园、大悲禅院、萨马兰奇纪念馆、鼓楼、杨柳青古镇等。此外，天津国际邮轮母港依托北京、天津两大城市，背靠中国华北和西北腹地，更有享誉世界的长城、故宫等世界级历史文化遗产坐落京城。天津也拥有四通八达的运输系统，方便了旅客、货物的聚散。

通过公路、铁路交通网络向外辐射，连接西北、东北、华北和华东，汇集了五条国家级运输通道。

四、厦门国际邮轮中心

1. 地理位置

厦门，位于福建省东南端，别称鹭岛，是东南沿海重要的中心城市、港口及风景旅游城市。与漳州、泉州并称厦漳泉闽南金三角经济区。厦门港地处金门湾和九龙江出海口，港口面向东南，由青屿水道与台湾海峡相连。港口外有金门、大担岛、浯屿岛等岛屿作为屏障，避风条件好，各种船舶出港不受潮水限制。厦门国际邮轮中心位于东渡港区厦门海沧大桥南侧，厦门市湖里区东港路。岸线总长 1 419m，有 4 个泊位，可同时靠泊 1 艘 15 万吨级和 2 艘 8 万吨级邮轮，最大可停靠 22 万吨级邮轮。游客接待能力达 80 万人次 / 年。

2. 港口发展

厦门国际邮轮中心码头于 2008 年正式投入使用，岸线长 463m，可停靠 15 万吨级大型邮轮。2009 年 5 月，厦门国际邮轮中心改名为"厦门海峡邮轮中心"，定位为区域邮轮母港，同时也接待国际邮轮。

2011 年 10 月 19 日，皇家加勒比游轮公司旗下的"海洋神话"号从厦门母港出发，直航中国台湾，开启了厦门邮轮产业的新篇章。2012 年 6 月，又接待了 13.8 万吨级的亚洲最大豪华邮轮"海洋航行者"号的首次靠泊。2015 年 16.8 万吨级"海洋量子"号和 2016 年年底 16.8 万吨级"海洋赞礼"号的到来，对厦门邮轮母港的接待能力提出了新要求。

2019 年 10 月 15 日，厦门国际邮轮母港迎来国际邮轮"维京猎户座"号，成为 2019 年厦门港接待的第 100 艘（次）邮轮，厦门国际邮轮母港年接待邮轮数量首次突破 100 艘次。

数据显示，2019 年，厦门国际邮轮母港共接待邮轮 136 艘次，同比增长 41.67%；出入境旅客达 41.37 万人次，同比增长超 27%，两项数据均创下厦门母港历史新高，已位居国内邮轮母港头部阵营。

从 2016 年下半年开始，厦门母港进入二期泊位改建工程阶段，2020 年 3 月，厦门港东渡港区 0 ～ 4 号泊位改建工程分期（一期）顺利通过竣工验收，标志着厦门港东渡港区 0 ～ 4 号泊位改建工程分期（一期）已完成全部建设任务，将结束试运行步入正式运营阶段，厦门国际邮轮母港全面完成提档升级。

此次改建工程，将厦门国际邮轮母港的接待能力提升至全球一流，能满足世界最大的 22.5 万总吨邮轮靠泊，同时还可以靠泊 2 万吨级滚装船。无论是世界最大的邮轮，还是多艘大中型邮轮同时来厦，母港均能从容接待。

在旅客接待能力方面，此次改建完成后，厦门国际邮轮母港年吞吐量为邮轮旅客 80 万人次 / 年，客滚旅客 25 万人次 / 年。

厦门国际邮轮母港目前已是中国远洋海运集团和中国旅游集团共同投资运营的邮轮品牌"星旅远洋"的核心港口，星旅远洋旗下的中国第一艘自主运营的豪华邮轮"鼓浪屿"号便从这里始发。

3. 旅游资源

厦门是中国东南沿海一座风景秀丽的海港风景城市，是闻名遐迩的旅游口岸和旅游胜地。旅游资源非常丰富，自然景观与人文景观相互交融，海岛环抱、山岩奇特、沙滩洁净、大海浩瀚，亚热带植被景观丰富，兼具民族风格、侨乡风情、闽台特色，并蓄西洋异国情调。加上与台湾仅一水之隔的独特区位优势，具有发展旅游业得天独厚的条件。

五、三亚凤凰岛国际邮轮港

1. 地理位置

三亚位于海南岛的南端，是具有热带海滨风景特色的国际旅游城市。三亚凤凰岛国际邮轮港位于海南三亚凤凰岛，三亚凤凰岛位于三亚市三亚湾度假区，是一座在大海礁盘之中吹填出的人工岛，该岛由一座长394m、宽17m的跨海观光大桥与市区滨海大道光明路相连。三亚凤凰岛国际邮轮港有3个邮轮泊位：一期工程有1个8万吨级邮轮码头，二期工程2016年完成，建设15万吨级和22.5万吨级码头各2个，接待能力达200万人次/年。

从三亚港出海航行不足1h便可进入国际主航道，北上可到中国香港、中国台湾，以及日本东京等地，南下到南海、东南亚及印度洋地区。三亚港也是环球邮轮航线中东南亚段的重要中转站和补给点。三亚市位于海南岛最南端，具备建设南海资源开发保障基地的先天优势条件，因此成为我国走向深海、开发大洋资源的桥头堡。

2. 港口发展

三亚凤凰岛国际邮轮港2002年开始兴建，于2007年正式建成通航，是中国第一个8万吨级邮轮码头，可一次性接待3000多名国内外游客出入境，年接待游客60万人次。嘉年华、皇家加勒比、丽星等世界知名的大邮轮公司纷纷选择三亚凤凰岛国际邮轮港，开通了数条经停三亚的航线。

三亚凤凰邮轮港已开通的邮轮航线有："中国（三亚）—菲律宾"国际邮轮航线、"中国（三亚）—越南"国际邮轮航线、"三亚—西沙群岛"邮轮航线。

3. 旅游资源

三亚以其迷人的沙滩阳光、宜人的气候、蔚蓝的大海及茂密的热带雨林吸引了众多国内外游客的到来。三亚属于热带地区，全年温度偏高，四季气温变化不大，年平均气温在25.5℃左右，每年的10月初到第二年的2月末，是三亚旅游的最佳时间。三亚主要旅游景点有：天涯海角、大东海、亚龙湾、亚龙湾热带天堂森林公园、南山文化旅游区、蜈支洲岛、大理岛、西岛、南山寺、南海观音禅寺、琼山大峡谷、海棠湾、清水湾等。在三亚，游客可以住海景房、看日落、海滩上晒太阳、赶海、踏浪、冲浪、游泳、潜水、海钓、骑摩托艇、玩帆船，还可以直升机观光、背上滑翔伞翱翔蓝天等。

六、青岛邮轮母港

1. 地理位置

青岛市别称"琴岛""岛城"，又被誉为"东方瑞士"，是我国沿海重要中心城市和滨海度假旅游城市，也是国际性港口城市、国家历史文化名城。青岛地处山东半岛东南部沿海，胶东半岛东部，东南濒临黄海，东北与烟台毗邻，西部与潍坊相连，西南与日照接壤，隔海与朝鲜半岛相望，地处中日韩自贸区的前沿地带。青岛拥有国际性海港和区域性枢纽空港，是实施海上丝绸之路、履行国家"一带一路"倡议的重要枢纽型城市。

2. 港口发展

青岛邮轮母港位于青岛港老港区 6 号码头。自 2015 年开港以来，青岛邮轮母港已接待邮轮超过 300 航次，接待邮轮旅客突破 37 万人次，运营航线 37 条。

歌诗达邮轮的"赛琳娜"号、荷美邮轮的"威士特丹"号、渤海邮轮的"中华泰山"号、星梦邮轮的"探索梦"号、维京邮轮的"猎户座"号、星风邮轮的"星之传奇"号等相继靠泊。其中，"中华泰山"号成为首艘在青岛常态化运营的定期邮轮。

目前，青岛邮轮母港已建成 3 个邮轮专用泊位，其中，新建超大型泊位 1 个，可停靠目前世界上最大的 22.5 万吨级邮轮。配套建设的国际客运中心设计最高通关能力可达每小时 3 000 ～ 4 000 人次，规划年游客吞吐量可达 150 万人。这一通关效率，在目前国内所有邮轮母港中名列前茅。青岛未来将成为"中国北方邮轮中心"，进而晋级为"东北亚区域性邮轮母港"。

3. 旅游资源

青岛是国家历史文化名城、重点历史风貌保护城市，以及首批中国优秀旅游城市。有国家重点文物保护单位 34 处，优秀历史建筑 130 多处，历史风貌保护区内有重点名人故居 85 处，国家级自然保护区 1 处。

青岛有道教的名山——崂山、栈桥、五四广场、八大关、奥帆中心、金银沙滩等著名景点。其中，国家级风景名胜区主要有：崂山风景名胜区和青岛海滨风景区。青岛也是中国帆船之都、亚洲最佳航海城、世界啤酒之城。每年还会举办国际啤酒节、国际海洋节、国际钢琴与小提琴大赛等活动。

七、大连港国际邮轮中心

1. 地理位置

大连市，位于辽东半岛南端、黄渤海交界处，与山东半岛隔海相望，是重要的港口、贸易、工业、旅游城市。大连市是辽宁省副省级城市、计划单列市，国务院批复确定的中国北方沿海重要的中心城市、港口及风景旅游城市。大连港国际邮轮中心位于大连东部港区，地处大连市核心区域，周边历史建筑繁多、商业区密集、交通便利。2017 年底，大连港将原有的大港区二码头西侧 10、11 号泊位改造升级至 15 万吨级邮轮泊位，还对 22 库国际邮轮候船厅进行了优化升级，使得邮轮码头的接待能力能够满足大型豪华邮轮的需求。

2. 港口发展

大连是中国第一个接待国际邮轮的城市。1976 年，大连港最先接待过一艘来自日本的"珊瑚公主"号邮轮。从那时起，大连港开始接待欧美、日韩的国际邮轮，最多的时候，大连邮轮港大约在一年内接待 68 艘邮轮。

2016 年 7 月 20 日，约 2 000 名游客搭载皇家加勒比的"海洋神话"号邮轮，从大连港缓缓驶出奔赴日本。"海洋神话"号是从大连港始发的第一艘国际豪华邮轮，标志着大连港正式加入"国际豪华邮轮始发港"行列，也标志着经过一年紧张建设的大连港国际邮轮中心正式开港运营。2019 年 5 月，歌诗达邮轮旗下 11.45 万吨大型豪华国际邮轮"赛琳娜"号从大连港国际邮轮中心成功始发。

作为中国东北地区最大的开放口岸，大连港依托大连丰富的旅游资源和毗邻日韩优越的地理条件，日渐成为各大国际邮轮公司开辟始发亚洲航线的重要母港。

大连主要走的是日韩航线，邮轮的目的地也往往是日韩。目前日韩航线主要有四条，游客在大连港可以乘坐"中华泰山"号邮轮前往日本和韩国，游客还可以享受落地免签的政策。

3. 旅游资源

大连自然景色绮丽，气候宜人，市区建筑风格各异，街心花园和广场点缀街道，是著名的海滨旅游和避暑胜地。市区南部为海滨旅游区，公路依山傍海，蜿蜒穿行于棒棰岛、老虎滩、付家庄、白云山公园、星海公园等著名景区之间。市区西南部有闻名中外的旅顺口、太阳沟、白玉山的都市风光和蛇岛、海猫岛等自然景观。市区北部是金石国家旅游度假区，随处可见典型的海蚀地貌和海滨喀斯特地貌，有被称为鬼斧神工杰作的礁石奇观和罕见的"龟裂石"地貌。

八、舟山群岛国际邮轮港

1. 地理位置

舟山群岛国际邮轮港位于浙江省舟山市。舟山市是浙江省地级市，位于浙江省东北部，东临东海、西靠杭州湾、北临上海市。舟山背靠上海、杭州、宁波等大中城市和长江三角洲等辽阔腹地，面向太平洋，具有较强的地缘优势，位于中国南北沿海航线与长江水道交会枢纽，是长江流域和长江三角洲对外开放的海上门户和重要通道。

2. 港口发展

舟山国际邮轮港是舟山群岛新区目前唯一的国际客流口岸，地处朱家尖西岙，2014 年 10 月 13 日正式开港。港区具有国际邮轮、对台直航、市外海上客运、群岛游船等。

舟山群岛国际邮轮港已建成 10 万吨级（兼靠 15 万吨级）邮轮码头，全长 356m，宽 32m，引桥长 188m，可满足 15 万吨级国际邮轮全潮通航，设计年客运量约 50 万人次。

舟山群岛国际邮轮港地处亚太邮轮黄金区域的前沿，岸线深、离国际航道近，背靠富饶的长三角地区，拥有庞大的潜在客户群，在邮轮港半径 15km 范围内，拥有丰富独特的旅游资源。这些都是其他港口无可比拟的优势。

3. 旅游资源

舟山群岛岛礁众多、星罗棋布，由超过 1 300 个大小岛屿组成，相当于我国海岛总数的 20%。这些群岛分布海域面积达 22 000km²，陆域面积达 1 371km²。主要岛屿有舟山岛、岱山岛、朱家尖岛、六横岛、金塘岛、泗礁岛等。

舟山群岛风光秀丽、气候宜人。这里秀岩嶙峋、奇石林立、异礁遍布，拥有两个海上国家一级风景区。著名岛景主要有：海天佛国普陀山、海上雁荡朱家尖、海上蓬莱岱山等。东海观音山峰峦叠翠、美景相连，人称"东海第二佛教名山"；枸杞山岛巨石耸立、摩崖石刻处处可见；黄龙岛上有两块奇石，如同两块元宝落在山崖；大洋山岛溪流穿洞而过、水声潺潺、美景数不胜数。

九、广州南沙国际邮轮母港

1. 地理位置

广州是我国重要中心城市、国际商贸中心和综合交通枢纽及千年商都，也是中国历史上唯一一个从未间断的开埠城市，世界名列前茅的枢纽港。广州地处中国南部、珠江下游，濒临南海，是国家物流枢纽，国家综合性门户城市、国际性综合交通枢纽，是中国通往世界的南大门，是粤港澳大湾区、泛珠江三角洲经济区的中心城市以及"一带一路"的枢纽城市。

2. 港口发展

广州国际邮轮港 2016 年 1 月开始运营，当时邮轮码头靠泊的作业泊位为广州港南沙港区三期码头 14 号泊位（由货运码头改造而来），泊位长 376m，码头标高 5.5m，港口前沿航道水深保持在 15.5m 左右，航道宽 250m，航道长度 35 海里，港池宽度 600m，可满足 15 万吨级国际邮轮停泊作业。邮轮码头建有 4 000m² 旅客联检大厅，每小时可办理出入境旅客 1 000 人次，每小时可以处理 1000 件旅客行李，旅客上下船通过大巴车摆渡，市区到码头设有 7 条专线接驳大巴。2016—2018 年，广州国际邮轮港运营出入境邮轮 320 航次，接待出入境旅客 121.07 万人次，连续三年保持全国第三的位置。

广州南沙国际邮轮母港由中交集团于 2015 年 8 月投资建设，2019 年 11 月 17 日正式开港运营，该母港位于南沙湾虎门大桥下游（自贸试验区的南沙新区片区），规划岸线 1 600m，目前建设的一期工程岸线总长 770m，建成 22.5 万总吨和 10 万总吨邮轮泊位各 1 个，以及建筑面积约 6 万 m² 的航站楼，可停靠目前世界上最大的邮轮，年设计通过能力达 75 万人次。

与国内其他邮轮母港相比，广州南沙国际邮轮母港在交通疏导、航站楼设计、商业配套和岸电系统方面都进行了极大的优化升级，集便利、美观和亲民为一体，设计上紧扣"绿色出行、便捷服务"的核心宗旨，实现了与公交、地铁、港澳水上客运等交通方式的无缝连接，为旅客集散提供便利。同时，口岸查验通道数量位居国内前列，配合多种目前国内和国际上先进的智能化、科技化的查验设备，大大地提高旅客的通关效率。

广州南沙国际邮轮母港现开通了到达日本、越南、菲律宾等地的邮轮航线 9 条，邮轮目的地 12 个，是国内东南亚航线最多的邮轮港口之一。

3. 旅游资源

广州属亚热带季风气候，夏无酷暑、冬无严寒，雨量充沛、四季常青。广州是一个极具旅游魅力的城市，旅游资源极其丰富，既有别具风情的南国自然风光，又有积淀深厚的历史文化遗迹，还有生机勃勃的现代都市新景观。

广州在历史上曾是南越国和南汉都城，岭南文化中心，古代海上"丝绸之路"的发祥地和经久不衰的外贸港市，是中国近现代民主革命的策划和发源地之一，其文物古迹众多，中西建筑物保存较为完好。

广州著名的旅游景点有：陈家祠、白云山风景名胜区、越秀公园、广州博物馆、中山纪念堂、黄花岗公园、广州世界大观、西关商廊（广州商业步行街）、六榕寺等。

十、深圳招商蛇口国际邮轮母港

1. 地理位置

深圳位于中国华南地区、广东南部、珠江口东岸，它是国务院批复确定的中国经济特区、全国性经济中心城市和国际化城市，也是国家物流枢纽、国际性综合交通枢纽、国际科技产业创新中心、中国三大全国性金融中心之一。

深圳蛇口邮轮母港也称深圳太子湾邮轮母港，它位于深圳蛇口太子湾片区，是蛇口工业区提升深圳现代化、国际化滨海城市形象，完善城市功能的重要项目。

2. 港口发展

深圳蛇口邮轮母港地处粤港澳大湾区与珠江三角洲中心位置，蛇口自贸区蛇口半岛南端（位于深圳市南头半岛南部蛇口突堤／南山区南海大道最南端），东临深圳湾，西依珠江口，与香港新界的元朗和流浮山隔海相望，地理位置优越，是华南地区最大的邮轮母港。

深圳蛇口邮轮母港项目于 2011 年 12 月正式启动，填海面积 37.75hm²，项目体量 70 万 m³，建筑面积 170 万 m²。主营业务分为传统高速客船业务与新兴邮轮业务，设计通关能力 650 万人次／年。

一期建设完成两个大型邮轮泊位以及客运码头一座。客运码头包括长度为 124m 的突堤 3 座，共 12 个 800 吨级高速客轮泊位，其中启动 10 个待泊 2 个。邮轮码头海岸线全长 930m，共有 22 万吨级邮轮泊位 1 个、10 万吨级邮轮泊位 1 个、2 万吨级客货滚装泊位 1 个。其中 22 万吨级邮轮泊位全长 409m，可停泊当今世界上最大的邮轮。

深圳蛇口邮轮母港的中心建筑——蛇口邮轮中心为港务交通商业办公综合体。占地面积 4.26 万 m²，建筑面积 13.6 万 m²，共有地下 2 层，夹层 1 层，以及地上 10 层。二层以下为旅客通关服务、口岸联检、停车场、公共交通枢纽等区域，三层以上为餐饮、商业和办公区域。

2016 年 11 月 12 日，蛇口邮轮母港盛大开港。截至 2017 年 12 月 31 日，在开港的短短一年之中，共运营高速客船 52 303 航次，服务高速客船旅客 5 494 411 人次；运营邮轮 109 个航次，服务邮轮旅客 189 056 人次，迎来了来自 9 大邮轮公司的共 10 艘邮轮靠泊。

深圳蛇口邮轮母港为华南地区唯一的集"海、陆、空、铁"于一体的现代化国际邮轮母港。各种交通条件十分便捷，与香港、澳门同处于粤港澳大湾区，30km 半径范围内拥有香港机场、深圳机场两大国际机场，其中深圳宝安国际机场是中国第四大航空港和世界百强机场之一，2h 交通圈覆盖 6 420 万人口。

深圳蛇口邮轮母港目前已结缘星梦邮轮的"云顶梦"号、歌诗达的"大西洋"号、皇家加勒比的"海洋航行者"号等国际邮轮，已开通到达新加坡、泰国（苏梅岛、曼谷）、越南、马来西亚、菲律宾、日本等国家及地区的航线。

3. 旅游资源

深圳属亚热带海洋气候，具有浓郁的现代滨海城市特色，常年阳光普照、繁花似锦。建市仅 20 多年，深圳由一个边陲小镇发展成为一座经济繁荣、环境优美、文明和谐的现代化城市。近年来，深圳先后被中国和国际有关机构评为"国际花园城市""优秀旅游城市""国家园林城市""环境保护全球 500 佳"。同时，深圳是个移民城市，中西文化在这里融会交流，从而形成了独具特色的文化氛围。

深圳著名旅游景点主要有：深圳湾滨海公园、红树林自然保护区、世界之窗、锦绣中华民俗文化村、欢乐谷、东部华侨城、小梅沙海洋世界、深圳仙湖植物园等。

拓展学习

1. 登录中国主要邮轮港口企业的官网，查找邮轮港口视频及相关资料；
2. 有条件的情况下，实地考察本地的邮轮港和邮轮公司。

思考练习

一、单项选择题

1. （　　　）是阿联酋最大的港口，也是中东最大的邮轮母港。
A. 沙迦港　　　　　　B. 巴林港　　　　　　C. 马斯喀特港　　D. 迪拜港

2. 前往阿拉斯加享受邮轮之旅的最佳邮轮母港是加拿大的（　　　）。
A. 迈阿密港　　　　　B. 蒙特利尔港　　　　C. 魁北克港　　　　D. 温哥华港

3. 悉尼是国际主要的旅游胜地，以悉尼（　　　）和悉尼大桥而闻名遐迩。
A. 博物馆　　　　　　B. 歌剧院　　　　　　C. 码头　　　　　　D. 海德公园

4. 目前，福建省已经建设有邮轮港口的沿海城市是：（　　　）。
A. 福州　　　　　　　B. 泉州　　　　　　　C. 厦门　　　　　　D. 漳州

5. 东南亚的（　　　）在城市保洁方面效果显著，亦有"花园城市"之美称。
A. 曼谷　　　　　　　B. 新加坡　　　　　　C. 河内　　　　　　D. 中国香港

6. 纽约的旅游特色景点包括：（　　　）。
A. 七星帆船酒店　　　B. 地球群岛　　　　　C. 五帆广场　　　　D. 自由女神像

二、多项选择题

1. 邮轮母港是邮轮公司的运营基地，除具备始发港基本功能外，还应具备（　　　　　）等功能。
A. 邮轮维修保养　　　　　　　　　　B. 邮轮公司运营管理
C. 造船　　　　　　　　　　　　　　D. 邮轮人才集中供给

2. 广东省的邮轮港口有（　　　　　）。
A. 深圳招商蛇口国际邮轮母港　　　　B. 防城港
C. 广州港国际邮轮母港　　　　　　　D. 北海港

3. 邮轮始发港多分布在（　　　　）的港口城市。

A. 经济发展水平较高　　　　　　　　B. 旅游资源丰富

C. 造船工业发达　　　　　　　　　　D. 交通便捷

4. 中国的邮轮母港有（　　　　　）。

A. 天津港　　　　　　B. 上海港　　　　C. 大连港　　　　D. 北海港

5. 我国的《全国沿海邮轮港口布局规划方案》将我国邮轮港口划分为（　　　　　）三种类型。

A. 邮轮访问港　　　B. 邮轮始发港　　　C. 邮轮母港　　　D. 邮轮补给港

6. 形成邮轮港口的基本条件包括（　　　　　）。

A. 旅游资源是否丰富

B. 配备相应的港口设施、拥有便捷的交通运输条件

C. 是否人口众多

D. 能否提供商业服务、物资供应

7. 邮轮港口接待能力主要取决于（　　　　　）等方面。

A. 港口的码头前沿水深条件　　　　　B. 客运大楼接待能力

C. 航道宽度及深度　　　　　　　　　D. 码头泊位的大小

8. 美国的邮轮港口包括：（　　　　　）。

A. 温哥华港　　　　B. 洛杉矶港　　　C. 恩森纳达港　　　D. 纽约港

9. 下列哪些属于欧洲的邮轮大港？（　　　　　）

A. 埃弗格莱兹港　　　　　　　　　　B. 巴塞罗那港

C. 奇维塔韦基亚港　　　　　　　　　D. 南安普敦港

10. 邮轮挂靠港口除了正常靠泊、上下旅客，还可能需要（　　　　　）。

A. 维修保养　　　　　　　　　　　　B. 燃料、食物等物资补给

C. 废料处理　　　　　　　　　　　　D. 旅客、船员服务

三、判断题

1. 珠江三角洲的邮轮港口分布于广州、深圳、香港、澳门。　　　　　（　　）

2. 迈阿密邮轮母港有2个码头——曼哈顿邮轮码头和布鲁克林邮轮码头。

（　　）

3. 温哥华邮轮母港有加拿大广场邮轮码头和巴兰坦邮轮码头两个邮轮码头。

（　　）

4. 巴塞罗那港位于地中海沿岸，是欧洲主要邮轮母港之一。　　　　　（　　）

5. 劳德岱堡位于美国佛罗里达州，它的邮轮港口具体位于埃弗格莱兹港。

（　　）

6. 天津港国际邮轮母港位于天津港东疆港区南端，也是我国北方最大的邮轮母港。

（　　）

7. 截至2019年，中国已经建成的邮轮港口超过10个。　　　　　　　（　　）

8. 伊斯坦布尔是一个同时跨越欧、亚两大洲的名城。　　　　　　　　（　　）

9. 港口可以由一个或者多个港区组成。　　　　　　　　　　　　　　（　　）

10. 深圳蛇口邮轮母港也称"深圳太子湾邮轮母港"，它位于深圳蛇口太子湾片区。

（　　）

11. 香港、上海都有 2 个邮轮港区。　　　　　　　　　　　　　　（　　）

12. 迈阿密一直享有"世界邮轮之都"的美誉，是美国国内首屈一指的海港城市。

　　　　　　　　　　　　　　　　　　　　　　　　　　　　　　（　　）

13. 亚洲邮轮港客流量名列前茅的邮轮母港位于上海、香港。　　　（　　）

14. 上海邮轮港包括上海吴淞口国际邮轮港和上海港国际客运中心，布局"一港两码头"，共同打造上海国际邮轮母港。　　　　　　　　　　　　　　（　　）

15. 澳大利亚的悉尼港有两个邮轮码头，包括达令港区的 8 号码头和环形码头的国际邮轮游客码头。　　　　　　　　　　　　　　　　　　　　　（　　）

16. 迪拜港位于中东地区的波斯湾沿岸，是沙特阿拉伯最大的邮轮港口。（　　）

17. 威尼斯是法国最浪漫的城市，被称作"亚得里亚海明珠"，有"水上都市""百岛城""桥城""水城"之称。　　　　　　　　　　　　　　　　　（　　）

18. 欧洲主要邮轮母港包括：巴塞罗那港、奇维塔韦基亚港、南安普敦港、威尼斯港、安克雷奇港等。　　　　　　　　　　　　　　　　　　　　　（　　）

19. 邮轮访问港应具备邮轮补给、垃圾污水处理、游客通关、行李托送、旅游服务、船员服务等功能。　　　　　　　　　　　　　　　　　　　　　（　　）

第五章　邮轮航线

 学习目标

☛ 知识目标

1. 认识世界邮轮航线的基本格局和特点；

2. 认识世界各分区（北美洲、欧洲、南美洲、亚洲、非洲等）的邮轮航线（主要经由港口、地理位置、旅游特色等）。

☛ 技能目标

1. 条理清楚的逻辑分析与语言表达能力：能说出世界主要邮轮旅游分区和主要特色；

2. 能通过互联网，收集整理某一航线案例，介绍该航线的途经港口及主要旅游特色等；

3. 会利用电脑（办公软件）和互联网，提升查阅资料、自主获知并应用、处理信息的能力。

☛ 素质目标

1. 通过对各个航线途经国家/地区的自然与人文景观的学习（视频案例），融入热爱大自然、保护环境的社会公德修养；

2. 通过对我国长江邮轮航线、周边邮轮航线（视频案例）的学习，认识祖国大好河山和灿烂文化，融入民族自豪感、认同感和爱国主义精神。

第一节　世界邮轮航线概况

M5-1　世界
邮轮航线概况

学习引导

据国际邮轮协会（CLIA）统计数据显示，2018年全球邮轮游客量达到2 850万人次，同比增长6.7%。而2008年，全球邮轮游客人数为1 630万人次，十年来增长了74.8%，年均增长5.8%。那么，这么多的邮轮游客，他们主要去哪里玩了呢？或者说，他们主要选择哪些邮轮旅游航线呢？

知识内容

一、世界主要邮轮航线分布情况

根据国际邮轮协会（CLIA）近年来的统计结果，全球邮轮旅游目的地包括：

北美洲、欧洲、南美洲、太平洋、亚洲、非洲六大区域，这些也是世界邮轮航线的主要分布地区。其中，加勒比海和地中海地区是最为密集的邮轮旅游活动区。统计显示，2018 年，全球邮轮市场主要集聚在加勒比海、亚太、地中海、北欧及西欧、澳大利亚、阿拉斯加这六大区域，占全球邮轮市场约 85% 的份额。其中，加勒比海地区是全球邮轮市场最集聚的区域，占全球邮轮市场份额的 38.4%；欧洲地中海和北 / 西欧地区占 23.6%，亚太地区占 15.1%，阿拉斯加和澳大利亚地区各占 4%。

二、世界各大洲邮轮旅游航线细分格局

1. 北美洲邮轮旅游区域

① 阿拉斯加（主要到达温哥华、西雅图、史凯威、安克雷奇等）；

② 北美东北部（主要游览纽约——蒙特利尔间的北美历史航线）；

③ 墨西哥及美国太平洋海岸（主要到达洛杉矶、圣地亚哥、恩瑟纳达、阿卡普尔科等）；

④ 百慕大群岛（主要到达百慕大群岛）；

⑤ 加勒比海（主要到达海地、巴哈马、牙买加等加勒比岛国）；

⑥ 中美洲（主要到达科林托、蓬塔雷纳斯、利蒙、巴拿马运河、科隆、巴拿马城、圣布拉斯群岛等）。

2. 欧洲邮轮旅游区域

① 西地中海（主要到达西班牙和意大利西海岸，如，巴塞罗那、罗马、佛罗伦萨、直布罗陀海峡沿途群岛等）；

② 东地中海（主要到达意大利东海岸、希腊和土耳其，如，威尼斯、希腊爱琴海岛屿、伊斯坦布尔等）；

③ 欧洲大西洋沿岸（主要到达西班牙、葡萄牙、法国和英国，如，马拉加、里斯本、波尔多、南安普敦、伦敦、勒阿佛尔等）；

④ 北海（主要到达爱尔兰、英国、荷兰、德国、丹麦、挪威，如，阿姆斯特丹、汉堡、挪威峡湾、哥本哈根等）；

⑤ 波罗的海（主要到达德国、瑞典、芬兰、俄罗斯和波罗的海东欧三国，如，斯德哥尔摩、赫尔辛基、圣彼得堡、维尔纽斯、里加、塔林等）；

⑥ 北欧北极（主要到达挪威霍宁斯沃格和北角、斯瓦尔巴群岛、格陵兰岛、冰岛等）。

3. 南美洲邮轮旅游区域

① 南美大西洋、太平洋（主要到达里约热内卢、布宜诺斯艾利斯、蒙得维的亚、圣地亚哥、麦哲伦海峡、合恩角等）；

② 南美 - 南极洲（主要到达德雷克海峡、南极洲半岛及周边岛屿）。

4. 太平洋邮轮旅游区域

① 南太平洋热带岛屿（主要到达斐济、塔希提、库克群岛、萨摩亚、汤加、瓦努阿图等南太平洋岛屿）；

② 新西兰和澳大利亚（主要到达新西兰、澳大利亚东海岸等）；

③ 夏威夷群岛（主要到达夏威夷四大岛屿）。

5. 亚洲邮轮旅游区域

① 中国（包括香港和台湾）；

② 日本、韩国；

③ 东南亚（主要到达新加坡、马来西亚、泰国、越南、印度尼西亚等）；

④ 南亚（主要到达印度、斯里兰卡、马尔代夫等）；

⑤ 中东（主要到达波斯湾地区，阿联酋、阿曼、卡塔尔、巴林等）。

6. 非洲邮轮旅游区域

① 北非（非洲地中海及大西洋）（主要到达突尼斯、摩洛哥、加纳利群岛及马德拉群岛等）；

② 西非（非洲西海岸）（主要到达圣赫勒拿岛、阿森松岛、圣多美和普林西比、塞内加尔等）；

③ 东非（非洲东海岸）（主要到达肯尼亚、坦桑尼亚、塞舌尔等）；

④ 南非（非洲南海岸）（主要到达南非、莫桑比克、纳米比亚、马达加斯加、毛里求斯、留尼汪等）；

⑤ 尼罗河流域（主要到达阿斯旺、科翁坡、埃德福、卢克索等）。

三、世界邮轮旅游航线的主要特点

从国际邮轮旅游航线的格局看，具备以下特点：

1. 邮轮航线分布不均衡，主要集中于欧美区域

目前，全球邮轮航线主要集聚在加勒比海、欧洲（地中海、北欧及西欧）、亚太、澳大利亚、北美阿拉斯加等区域，其中的加勒比海、欧洲是世界邮轮航线最密集的区域，亚洲的邮轮业也正在崛起。

2. 邮轮航线短程化的趋势越来越明显

随着现代邮轮运营成本的上升，邮轮公司在设计航线时都在尽量考虑如何能最大限度地控制成本，同时又能兼顾不同消费群体的需求。一些邮轮公司相继推出了一些较短的路线，一方面可以使更多人能够体验到邮轮旅游的乐趣；另一方面，相对较低的价格也可以使更多人能够消费得起。而且，短线航线也正好与人们的假期相匹配。

3. 邮轮航线布局呈季节性的周期变化

由于区位及自然环境的影响，全球邮轮航线的季节性特征非常明显。在北半球夏季，地中海、西北欧和阿拉斯加航线几乎占据了全球邮轮运营力的2/3，主要是因为这几个区域的冬天都很寒冷，冬季洋面结冰，邮轮根本无法航行，适合航行的时间主要集中在4～10月。而在加勒比海地区，由于纬度较低，属于热带海洋性气候，终年温差不大，气温常年维持在30℃左右，适合全年航行，所以在北半球冬天，加勒比海地区几乎占据了全球邮轮运营力。与此相同，全年温暖湿润的东南亚海域也适合全年航行；而中国沿海、日本、韩国航线，冬季寒冷，最佳的航行时间也只在

4～10 月。

 拓展学习

利用互联网查看电子地图，了解世界六大邮轮旅游区域地理位置。

第二节　北美洲邮轮航线概况

学习引导

据国际邮轮协会（CLIA）统计数据，2018 年北美地区邮轮游客量达到 1 420 万人次，同比增长 9%，依然是全球最大的邮轮市场。其中，沿岸国最多的海域加勒比海地区凭借优良的港口资源、丰富的旅游资源、良好的气候条件等优势条件，一直是全球最为热门的邮轮旅游目的地，集聚着众多的邮轮品牌、丰富的邮轮航线和来源广泛的游客，2018 年邮轮游客量达到 1 130 万人次，同比增长 6%，继续保持邮轮目的地世界第一的绝对优势地位；阿拉斯加邮轮旅客数量超过 100 万人次，同比增长 13%。

知识内容

北美洲位于西半球北部，东濒大西洋，西临太平洋，北邻北冰洋，南以巴拿马运河为界，同南美洲分隔。

一、北美洲旅游概况

北美洲旅游业比较发达，美国、加拿大各大城市集中了众多的名胜古迹、现代建筑群和各种现代化的文化、娱乐设施。西部山区多国家公园，沿海多海滨游览胜地。著名的旅游城市有迈阿密、华盛顿、西雅图、洛杉矶、渥太华、温哥华等。

作为世界上最大的邮轮市场，北美游客数量始终占世界份额的 80% 以上。全球邮轮母港大都分布在美国，少数分布在加拿大、欧洲和东南亚等地区。美国邮轮母港最多，佛罗里达州是美国的邮轮中心，美国最大的三个邮轮母港迈阿密港、卡纳维拉尔港、埃弗格雷斯港（罗德岱堡）都在佛罗里达州。全球最大的两家邮轮公司嘉年华邮轮集团和皇家加勒比集团均位于北美。

二、北美洲主要邮轮航线

北美洲邮轮航线主要分布在：阿拉斯加、北美东北部、墨西哥及美国太平洋沿岸、巴哈马 - 百慕大群岛、加勒比海、中美洲等区域。

1. 阿拉斯加邮轮航线

该区域主打冰川航线，观赏气势磅礴的崇山峻岭、冰川、极光和野生动物等，

感受大自然的鬼斧神工。一般从温哥华、西雅图等出发，北上到阿拉斯加的史凯威、安克雷奇等。每年的 5 ～ 9 月是阿拉斯加最适合邮轮旅游的季节。主要有两种邮轮旅行线路：阿拉斯加内湾航线、阿拉斯加冰河湾航线。

2. 北美东北部邮轮航线

该航线也称为"加拿大—新英格兰航线"。在美国和加拿大的东部海岸，邮轮游客可以尽情领略历史悠久、独具风格的城市风光。无论是新英格兰地区，还是加拿大的魁北克，都有独特的风景。

该航线一般从春季末期开始运营，到秋季结束。每年的 9 月底到 10 月初，是美国和加拿大东北部枫叶最迷人的季节。航线主要往返于纽约和蒙特利尔之间，经停纽波特、波士顿、科德角、圣约翰、哈利法克斯、魁北克等，主打秋季枫叶之旅和游览以纽约为中心的众多美国政治文化中心城市。

3. 墨西哥及美国太平洋沿岸邮轮航线

该航线主要途经洛杉矶、圣地亚哥、恩瑟纳达、阿卡普尔科等，领略太平洋海岸风光、沿岸峡谷沙漠以及加州特有的多种族文化和墨西哥拉丁风情等。分南下和北上两种航线。

4. 巴哈马—百慕大群岛邮轮航线

百慕大群岛是世界靠北的珊瑚群岛之一，百慕大群岛由 7 个主岛及 150 余个小岛和礁群组成，呈鱼钩状分布。该航线在美国奥兰多、迈阿密、纽约等多个港口都可登船，主要是往返航线，实惠又方便，主要畅游巴哈马首府拿骚、私属岛屿大镫礁、阳光海滩大巴哈马岛等，感受各具特色的岛屿、海岸风光。

5. 加勒比海邮轮航线

加勒比海地区的旅游资源最有吸引力的是海滨胜地。它明显地严重依赖北美旅游市场，每年大约有 60% 的游客来自美国。该地区又可细分为东、南、西加勒比海邮轮航线，主要畅游星罗棋布、风格各异的加勒比海岛——加勒比海有超过 7 000 个岛屿，其中部分岛屿为无人岛。该邮轮航线可以领略东加勒比海地区的海岛风情与阳光沙滩，南加勒比海地区的绝美海滩、险峻火山与瀑布、神秘加勒比文化，以及西加勒比海地区的南美原始人文风情和墨西哥玛雅文明等。

6. 中美洲邮轮航线

中美洲是指墨西哥以南、哥伦比亚以北的美洲大陆中部地区，是连接南美洲和北美洲的狭长陆地，有危地马拉、洪都拉斯、尼加拉瓜、巴拿马等国。中美洲是世界最主要的生态旅游目的地之一，这里通常是巴拿马邮轮旅游或西加勒比邮轮旅游线路中的重要节点。在这里，不仅可以领略到中美洲各国的独特风情，还可以穿越和探索被誉为"世界七大工程奇迹"之一的巴拿马运河。中美洲是太平洋沿岸和加勒比海邮轮旅游的"中间桥梁"。

拓展学习

玛雅文明是中美洲印第安人在亚、非、欧古代文明相互隔绝的条件下独自创造的伟大文明，请通过互联网查询与阅读相关资料，了解玛雅文明的奇妙，理解其旅游特色。

第三节　欧洲邮轮航线概况

学习引导

欧洲是世界上受欢迎的邮轮旅游目的地之一。除了少数几个国家和地区之外，沿着海上航线或河流可以到达欧洲大陆的大部分城市。5～9月是游览欧洲的最佳季节。欧洲航线选择甚多，想感受美丽的大自然，可选乘北海航线；要享受热带小岛式风情，则可选择南欧航线；想专注探索历史古迹，波罗的海及俄罗斯航线最适合不过。那么，欧洲主要有哪些航线呢？

知识内容

欧洲位于东半球的西北部。欧洲东以乌拉尔山脉、乌拉尔河，东南以里海、大高加索山脉和黑海与亚洲为界，西隔大西洋、格陵兰海、丹麦海峡与北美洲相望，北接北冰洋，南隔地中海与非洲相望（其分界线为直布罗陀海峡）。

一、欧洲旅游概况

欧洲久经海洋文明的浸染，造船技术和经营管理技术优良，为邮轮旅游发展奠定了坚实的基础。另外，欧洲大部分国家属于发达国家，经济水平、居民生活水平较高，也促使欧洲的自然景观、人文景观得到成熟的开发和利用，促使该地区旅游业发达。欧洲的旅游，融历史、建筑、美食和高雅生活于一体，主要观赏古文化景观和古文明遗迹，希腊诸岛、地中海沿岸、大西洋岛屿以及北欧等以其独特的风光，成为世界邮轮旅游的主要目的地。

二、欧洲主要邮轮航线

欧洲邮轮航线主要分布在：地中海、波罗的海、大西洋及北海沿岸、北极圈等区域。

1. 地中海邮轮航线

西西里岛与非洲大陆之间有一海岭将地中海分为东、西两个部分，因此，地中海区域的邮轮航线也被分成了东航线和西航线。西地中海区域主要包括了意大利西部和北部、西西里岛、法国、西班牙和北非；东地中海区域主要包括意大利东部、希腊、土耳其、克罗地亚和埃及。

西地中海航线主要经由西班牙的巴塞罗那、意大利的罗马（奇维塔韦基亚港）、巴利阿里群岛、科西嘉岛、直布罗陀海峡等，有的航线还延伸到大西洋的比利时、英国、法国等地或者西北非地区。

东地中海航线主打"古文明之旅"，起点一般是意大利的威尼斯、希腊的雅典（比雷埃夫斯港）、土耳其的伊斯坦布尔等，航线主要经过地中海、爱琴海和亚德里亚海，其中，希腊、科孚群岛、米科诺斯岛、克里特岛、圣托里尼岛、罗得岛等是这个区域最受欢迎的旅游目的地。航线也会延伸到达以色列、埃及等地。另外，也有东西地中海串联的航线。

2. 波罗的海邮轮航线

波罗的海周边有众多的国家和地区：北欧 4 国（瑞典、芬兰、挪威、丹麦）、东欧 4 国（爱沙尼亚、拉脱维亚、立陶宛以及俄罗斯部分地区）、德国北部、波兰。

波罗的海邮轮航线基本串起所有北欧知名的大城市和港口，有两条比较典型的航线：

一条是从德国的汉堡或丹麦的首都哥本哈根出发，途经瑞典的斯德哥尔摩，最后到达俄罗斯的圣彼得堡。

另一条是从俄罗斯的圣彼得堡出发，偏南航行经波罗的海三国的首都，也就是：立陶宛的维尔纽斯、拉脱维亚的里加、爱沙尼亚的塔林。由于纬度和气候原因，每年北欧和波罗的海只有 5 ～ 9 月适合邮轮旅行。

3. 大西洋及北海沿岸邮轮航线

该区域范围基本属于西欧，是欧洲经济、文化、城市发展都比较好的地区，所以这一区域的邮轮航线变化多样。邮轮主要游览西班牙、葡萄牙、法国、爱尔兰和英国。主要从西班牙的马拉加或葡萄牙的里斯本出发，到达法国、英国等。或者从英国（南安普敦港）出发，途经比利时、荷兰、德国、丹麦、挪威等，远达冰岛、格陵兰岛，或者南下至西北非地区。

也有环绕大不列颠岛或爱尔兰的航线。这一区域由于纬度较高，所以航线的季节性很强，最佳的游览时间是 5 ～ 9 月。

4. 北极圈邮轮航线

北极地区大部分位于北冰洋，而北冰洋周边包围着格陵兰、加拿大、美国、俄罗斯、瑞典、挪威等国家（地区），因此，北极邮轮旅游往往从这些国家（地区）的特定港口出发去探索北极。

北极邮轮旅游航线主要是在北冰洋及其附属岛屿巡游，深入北冰洋内部的极地探险一般由破冰船执行。一般从挪威的朗伊尔城、格陵兰的首府努克（戈特霍布）、俄罗斯的摩尔曼斯克等港口出发。

该区域主要航线包括：
① 挪威斯瓦尔巴群岛—冰岛航线；
② 挪威北角—斯瓦尔巴群岛航线；
③ 格陵兰岛—冰岛航线；
④ 三岛或四岛联游（冰岛、格陵兰岛、斯瓦尔巴群岛、法罗群岛）航线；
⑤ 冰岛环岛、斯瓦尔巴群岛环岛航线。

拓展学习

利用互联网查询并阅读资料，了解古希腊文明对欧洲乃至世界文化的影响。

第四节 亚洲邮轮航线概况

学习引导

　　根据国际邮轮协会（CLIA）数据，2018 年亚洲邮轮市场规模达到 424 万人次。在中国邮轮市场中，中国大陆地区邮轮客源占亚洲市场的比重从 2017 年的 59.3% 下降为 55.8%，但依然占据亚洲邮轮客源市场的半壁江山，中国台湾以 9.3% 的份额依然保持亚洲第二大邮轮客源市场的位置，中国香港邮轮市场份额有显著提升，从 2016 年的 3.8% 增长到 2018 年的 5.9%。此外，印度市场份额由 4.4% 增长到 5.2%，也有较大幅度的增长。新加坡、印度、印度尼西亚、菲律宾、韩国、越南等的邮轮市场规模都有所增长。随着皇家加勒比游轮、歌诗达邮轮及地中海邮轮等更多新船在亚洲邮轮市场布局，亚洲邮轮市场规模将进一步增长。

知识内容

　　亚洲绝大部分地区位于北半球和东半球。亚洲与非洲的分界线是苏伊士运河，苏伊士运河以东为亚洲。亚洲与欧洲的分界线为乌拉尔山脉、乌拉尔河、里海、大高加索山脉、土耳其海峡、地中海和黑海。乌拉尔山脉以东及大高加索山脉、里海和黑海以南为亚洲。

一、亚洲旅游概况

　　亚太地区主要旅游区域可分为：东北亚（中日韩）、东南亚、南亚和中东，其中最重要的旅游地区是东北亚（中日韩）、东南亚，其次是中东地区。

　　东北亚是指亚洲的东北部地区，主要包括中国、日本、韩国、朝鲜、蒙古国以及俄罗斯远东沿海。东北亚旅游资源丰富，拥有美丽的自然风光、神秘的东方文化，中国、韩国和日本等国是主要旅游大国。

　　东南亚位于亚洲的东南部，包括中南半岛和马来群岛两大部分，包括新加坡、马来西亚、泰国、印度尼西亚、越南等 11 个国家。东南亚有着浓郁的宗教文化与绚丽多姿的热带海滨风景，长期以来是亚洲旅游业发展最快的地区之一，现已成为世界度假、避寒、访古、朝佛的旅游胜地。

　　中东是指从地中海东部到波斯湾的大片地区，东起阿富汗，西到土耳其，它包括西亚和部分非洲地区。中东是巴比伦、波斯、奥斯曼帝国等古文明的发祥地以及伊斯兰教、基督教和犹太教的发源地，是世界宗教旅游最兴盛的地区。

　　该区在自然环境、历史发展、经济现状及社会习俗等各方面与世界其他地区有显著差异，具有别具一格的自然旅游资源和阿拉伯文化。具有邮轮停靠设施和历史名胜的中东国家主要包括：阿联酋、巴林、卡塔尔、阿曼、埃及、伊朗、约旦、以色列。

在世界邮轮旅游市场中，亚洲市场是最年轻也是发展最快的一个市场。凭借其丰富的旅游资源和近些年不断新建的港口，亚洲地区已经逐渐成为全球主要的邮轮旅游目的地。一些大的国际邮轮公司为了自身开拓新市场的需要，也在逐渐向亚洲市场转移运营力，丽星邮轮、嘉年华邮轮、歌诗达邮轮等已经成为亚洲邮轮市场的主力。

二、亚洲主要邮轮航线

亚洲邮轮航线主要分布在：东北亚（中日韩）、东南亚、南亚、中东等区域。

1. 东北亚（中日韩）邮轮航线

东北亚地区在邮轮业界也被称为"远东地区"，主要由中、日、韩三国构成。主要有两种航线：一种是从中国上海或天津出发，环绕日本、韩国的部分港口后返回；另一种是日本与韩国之间的航线。

该区域航线主要途经中国的上海、天津、青岛、舟山等，韩国的济州、仁川、釜山、丽水等，日本的小樽、札幌、钏路、室兰、函馆、青森、秋田、酒田、新潟、东京、横滨、名古屋、神户、大阪、广岛、高知、德岛、福冈、佐世保、长崎、熊本、鹿儿岛、宫崎、冲绳、那霸、八重山群岛等。

2. 东南亚邮轮航线

东南亚地区的邮轮航线丰富多彩，主要是在新加坡、泰国、马来西亚、印度尼西亚等几国之间和一些岛屿之间往来穿梭。

常见的邮轮路线主要有两种："新马泰"线和"越南"线。也有到达中国的三亚、海口、香港、台湾等地的航线；以泰国、越南、新加坡为主要节点的一些航线，也会把印度、斯里兰卡、马尔代夫的一些港口串联在一起。

3. 南亚邮轮航线

与东南亚地区和东亚地区相比，南亚地区邮轮航线游客较少。马尔代夫、印度是南亚邮轮航线的主要目的地。该航线主要是东南亚邮轮航线延伸到达印度尼西亚、印度、斯里兰卡、马尔代夫的一些港口，如，巴厘岛、孟买、科钦、果阿、门格洛尔、莫尔穆冈、科伦坡、马累等。

4. 中东邮轮航线

中东的邮轮旅游主要集中在波斯湾，主要到达迪拜、阿布扎比、海塞卜、豪尔费坎、巴林、卡塔尔、马斯喀特、塞拉莱等港口城市，也会到达以色列的海法、阿什杜德、耶路撒冷以及约旦的亚喀巴等地。一些邮轮航线则是由东南亚、南亚延伸而来，或者欧洲经由地中海、红海到达波斯湾。

 拓展学习

利用互联网查阅资料，了解亚洲主要邮轮旅游区域的特色旅游资源。

第五节　南美洲邮轮航线概况

南美洲是拉丁美洲的一部分，一般以巴拿马运河为界同北美洲相分隔，包括哥伦比亚、委内瑞拉、厄瓜多尔、秘鲁、巴西、巴拉圭、乌拉圭、阿根廷、智利等 12 个独立国家和法属圭亚那、马尔维纳斯群岛（福克兰群岛）2 个地区。南美地区原为印第安人的居住地，印第安人创造了灿烂的古代文明，在南美洲大地上建立过不少王国。第二次世界大战之后，南美洲的经济得到较快发展，其中巴西和阿根廷发展最快。在南美洲，不仅能够领略神秘的原始森林和狂热的桑巴舞，还能感受其悠久的历史、灿烂的文明。

知识内容

南美洲位于西半球的南部，东临大西洋，西临太平洋，北临加勒比海。北部和北美洲以巴拿马运河为界，南部与南极洲隔德雷克海峡相望。南美洲现有 12 个独立国家和 2 个地区，这些国家和地区有着共同的历史——它们都有着灿烂的印加文明，都遭受过入侵、经历过民族独立运动等，但却难得地保存着自身的特色。

一、南美洲旅游概况

南美大部分地区属于热带雨林和热带草原气候，在南美洲风光旖旎、神奇美丽的土地上，分布着恢宏的山川和茂密的热带雨林，神秘古老的印第安文明与现代文化形成鲜明的对比，以印加文化、拉丁风情、生态环境为主要旅游资源特色。

南美洲主要旅游国家包括：巴西、秘鲁、智利和阿根廷。其中，巴西是南美洲最大的国家，主要旅游城市有圣保罗和里约热内卢。巴西主要旅游景点有：基督山、伊瓜苏瀑布、糖面包山、欧鲁普雷图古镇、亚马孙雨林、科帕卡巴纳海滩等。秘鲁位于南美洲西部，它是美洲大陆印第安人古老文明中心之一，曾孕育出小北文明、莫切文化和印加文明。智利除了沿海海滨和南部的风景区外，主要旅游胜地包括：圣地亚哥、阿塔卡马沙漠、拉帕努伊国家公园、圣卢西亚山等。阿根廷旅游主要是欣赏冰川风光和火地岛等风景。阿根廷不容错过的景点有：阿根廷冰川国家公园、博卡区、火地岛国家公园、科隆剧院等。

南美洲与北美洲的气候正好相反，邮轮旅游季节大约从每年 10 月份开始，到次年 4 月份接近尾声，其中 12 月、1 月和 2 月邮轮航线最为密集。常见的邮轮出发港有：巴西的里约热内卢、智利的瓦尔帕莱索、阿根廷的布宜诺斯艾利斯。

二、南美洲主要邮轮航线

南美洲主要邮轮航线有：

第一条，是从北美的圣地亚哥、纽约、劳德代尔堡出发，向南延伸至该地区的邮轮港口。

　　第二条，沿巴西亚马孙河逆流而上，一路到达巴西的马瑙斯。

　　第三条，是绕南美大陆环游的线路，经过巴西、乌拉圭、阿根廷、智利、秘鲁等国家，该航线最大的特色是绕行著名的合恩角以及穿越麦哲伦海峡，这里是伟大航海先驱们首次环球航行的里程碑，也是人类航海史上最为壮丽的地点。

 拓展学习

　　利用互联网查阅资料，了解南美洲邮轮航线沿线独特的文化风情。

第六节　南极洲邮轮航线概况

　　曾几何时，极地旅游是遥不可及的梦想，但随着全球科技的进步、全球旅游产业的发展，现在到南极去探险已经完全可以实现。南极地区特殊的地理位置和恶劣的自然条件，限制了陆上旅游活动的展开，于是通过邮轮探索南极成为最便捷也是最可行的出游方式。不同于其他邮轮旅游，极地邮轮还兼具科学考察的功能。同时又由于气候条件的限制，极地邮轮活动的开展往往具有季节性。

知识内容

　　南极洲位于地球的最南端，因绝大部分地处南极圈而得名，是纬度最高、最孤立的大区。南极洲的四周被太平洋、印度洋和大西洋所包围，它包括大陆、陆缘冰和岛屿，总面积 1 405.1 万平方千米，约占世界陆地总面积的 9.4%。

一、南极洲旅游概况

　　南极洲全境为平均海拔 2 350m 的大高原，是世界上平均海拔最高的洲。大陆几乎全被冰川覆盖，占全球现代冰被面积的 80% 以上。大陆冰川从中央延伸到海上，形成巨大的罗斯冰障，周围海上漂浮着冰山。整个大陆只有 2% 的地方无长年冰雪覆盖，动植物能够生存。

　　南极洲气候酷寒，极端最低气温曾达 –89.2 ℃（1983 年），风速一般达 17 ~ 18m/s，最大达 90m/s 以上，为世界最冷和风暴最多、风力最大的陆地。全洲年平均降水量为 55mm，极点附近几乎无降水，空气非常干燥，有"白色荒漠"之称。

　　南极洲作为探险胜地的作用逐渐得到发挥，纯净的冰雪世界、巨大的冰川、浩瀚的冰原、极昼极夜现象、极光现象、火山喷发景观、南极企鹅、各国设立的科考站等，是南极洲主要的旅游资源。

二、南极洲主要邮轮航线

　　南极洲邮轮旅游季节为 12 月至次年的 2 月。由于南美洲是距离南极最近的大

洲，因此智利、阿根廷两个距离南极较近的国家就成为南极邮轮旅游航线的主要起点。

南极邮轮主要从智利的蓬塔阿雷纳斯港、阿根廷的乌斯怀亚港、马尔维纳斯群岛（英国称"福克兰群岛"）的史丹利（斯坦利）港出发，也有的从智利的圣地亚哥（圣安东尼奥港）、阿根廷的布宜诺斯艾利斯港、乌拉圭的蒙得维的亚港出发，一路南下横跨德雷克海峡到达南极半岛，在南极海域进行巡游，主要是在南设得兰群岛、象岛、南极海峡、杰拉许海峡等周围岛屿和海峡之间游览，并通过橡皮艇登上南极大陆，第一个登陆点可能是南设得兰群岛的某个小岛上。大部分航线会让游客体验在南极搭帐篷住宿过夜的生活，陆上体验后再登船返回，部分航线也会将阿根廷马尔维纳斯群岛（福克兰群岛）列入返回航程中。

南极洲主要有三条经典的邮轮航线：

第一条：从阿根廷的乌斯怀亚港出发的南极邮轮航线，从乌斯怀亚港出发—向东到斯坦利港［马尔维纳斯群岛（福克兰群岛）］—再经南乔治亚岛—向南进入南极半岛（南设得兰群岛、象岛、迷幻岛）—再经德雷克海峡—最后回到乌斯怀亚港。

第二条：从智利的蓬塔阿雷纳斯港出发的南极邮轮航线，从蓬塔阿雷纳斯港出发—向南经加里波第峡湾—威廉斯湾—德雷克海峡—到南极半岛—再向东北到斯坦利港—最后回到蓬塔阿雷纳斯港。

第三条：从布宜诺斯艾利斯港出发的南极邮轮航线，布宜诺斯艾利斯—蒙得维的亚—斯坦利港（福克兰群岛）—南极半岛—德雷克海峡—合恩角—乌斯怀亚港—蓬塔阿雷纳斯港—圣安东尼奥港（智利圣地亚哥）。

利用互联网查阅资料，了解我国南极科学考察队的所处位置和工作，了解南极的自然条件。

第七节　大洋洲邮轮航线概况

学习引导

大洋洲的陆地总面积约 897 万平方千米，约占世界陆地总面积的 6%，是世界上最小的一个大洲。除南极洲外，也是世界上人口最少的一个大洲。大洋洲跨南北两半球，从南纬 47°到北纬 30°，横跨东西半球，从东经 110°到西经 160°，东西距离 1 万多千米，南北距离 8 000 多千米；由一块大陆和分散在浩瀚海域中的无数岛屿组成，包括澳大利亚、新西兰、新几内亚岛（伊里安岛）以及美拉尼西亚、密克罗尼西亚、波利尼西亚三大岛群。大洋洲有 14 个独立国家，各国经济发展水平差异显著。澳大利亚和新西兰经济发达，其他岛国多为农业国，经济比较落后。工业也主要集中在澳大利亚，其次是新西兰。在地理上划分为澳大利亚、巴布亚新几内亚、新西兰、美拉尼西亚、密克罗尼西亚和波利尼西亚六区。

知识内容

大洋洲的范围有狭义和广义之分，狭义的大洋洲指太平洋中的波利尼西亚、密克罗尼西亚、美拉尼西亚三大岛群。广义的大洋洲除三大岛群外，还包括澳大利亚、新西兰、新几内亚岛，共有两万多个岛屿。广义的大洋洲位于太平洋中部的广大海域中，在亚洲和南极洲之间，西邻印度洋，东临太平洋，并与南北美洲遥遥相对。

一、大洋洲旅游概况

澳大利亚和新西兰都有着得天独厚的自然与人文风光，如澳大利亚的十二使徒岩、乌鲁鲁、大堡礁、原始热带雨林、黄金海岸、悉尼城市风光等，而新西兰是一个天然花园星罗棋布的浪漫国度，一望无际的沙滩、宽广无垠的湖泊、树木繁茂的丛林与优雅宁静的田园组成一幅清新的自然景观图。

大洋洲岛屿国旅游业比较发达的国家主要有：大溪地（法属波利尼西亚）、库克群岛、斐济、法属新喀里多尼亚、萨摩亚、所罗门群岛、汤加、瓦努阿图等。主要旅游资源有火山岛、珊瑚岛、阳光海滩、历史古迹、风土人情和节日庆典等。

二、大洋洲主要邮轮航线

大洋洲邮轮航线主要可分为：夏威夷、大溪地及南太平洋邮轮航线，南太平洋邮轮航线，澳新邮轮航线等。

1. 夏威夷、大溪地及南太平洋邮轮航线

夏威夷群岛，是波利尼西亚群岛中面积最大的一个二级群岛，由太平洋中部的100多个岛屿组成。邮轮主要游览夏威夷群岛中的瓦胡岛（欧胡岛）、大岛、毛伊岛（茂宜岛）和考爱岛（可爱岛）。

大溪地，又名塔希提岛（邮轮挂靠港是帕皮提港），是波利尼西亚群岛中最大的岛。因其阳光明媚，气候宜人，有秀美的热带风光和环绕四周的七彩海水，而被称为"最接近天堂的地方""太平洋上的明珠""世界乐园"。夏威夷和大溪地都是该区域最热门的旅游胜地。

该区域的航线一般从澳大利亚主要港口或夏威夷出发，经停夏威夷群岛和南太平洋诸多岛屿。

2. 南太平洋邮轮航线

南太平洋航线一般从北美西海岸出发，穿越太平洋至大洋洲的澳大利亚和新西兰。一般从美国西海岸或者澳大利亚、新西兰的主要港口（如，洛杉矶、旧金山、布里斯班、悉尼、墨尔本、奥克兰等）起航，途经火奴鲁鲁、苏瓦、帕皮提、帕果帕果、劳托卡、维拉、马雷岛、神秘岛等地。

这里主要有三条经典航线：一是从美国洛杉矶出发，经夏威夷、大溪地，跨越南太平洋到达澳大利亚悉尼港；二是悉尼往返航线，途经瓦努阿图、斐济等诸多南太平洋岛屿；三是布里斯班往返航线，途经神秘岛、瓦努阿图、新喀里多尼亚等。

3. 澳新邮轮航线

澳大利亚和新西兰之间邮轮航线非常丰富，除了悉尼、墨尔本、布里斯班、珀

斯、奥克兰、基督城和惠灵顿等主要目的地之外，其他小众目的地还有阿德莱德、凯恩斯和大堡礁等。

该区域邮轮航线主要有"澳新—南太平洋航线"，一般从澳大利亚主要港口起航，经停新西兰、斐济、瓦努阿图、新喀里多尼亚等诸多岛屿。

也有单纯在澳大利亚与新西兰之间往返的航线，一般从澳大利亚的布里斯班、悉尼、墨尔本等港口出发，单程到达新西兰或者再返回澳大利亚。

还有环澳大利亚航线、澳大利亚东北部昆士兰州大堡礁航线（一般经由悉尼—艾丽海滩大堡礁—凯恩斯—约克角等地）。

 拓展学习

利用互联网查阅资料，了解南太平洋群岛主要有哪些旅游资源。

第八节　非洲邮轮航线概况

学习引导

非洲的沙漠面积约占全洲面积三分之一，为沙漠面积最大的洲，其中，撒哈拉沙漠是世界上最大的沙漠。除了沙漠，非洲也有郁郁葱葱的森林和一望无际的大草原。非洲的尼罗河流域是世界古代文明的摇篮之一，尼罗河下游的埃及是世界四大文明古国之一，其中金字塔和狮身人面像更是人类建筑史上的奇迹。非洲拥有众多旅游国家和景点，如，岛国塞舌尔、四大文明古国之一的埃及、以蓝白小镇著称的突尼斯、世界第一大沙漠撒哈拉沙漠、维多利亚瀑布、乞力马扎罗山、克鲁格国家公园以及众多的野生动物公园，实在是旅行爱好者不可错过的去处。

知识内容

非洲位于东半球的西南部，地跨赤道南北，东濒印度洋，西临大西洋，北隔地中海和直布罗陀海峡与欧洲相望，东北以红海与苏伊士运河紧邻亚洲。非洲在地理上习惯分为北非、东非、西非、中非和南非五个地区。

一、非洲旅游概况

非洲除了拥有异域野生动物、连绵起伏的草原以及浩瀚无边的沙漠外，还拥有灿烂的历史文化遗迹和美丽的阳光海滩。很多邮轮游客不仅希望在港口城市参观，更希望能够深入非洲腹地游览，因此大部分邮轮公司都会在非洲推出包价邮轮旅游产品，并且为游客安排游览野生动物园项目。

二、非洲主要邮轮航线

非洲航线最早起源于货运航线。苏伊士运河凿通之前，绕过非洲南端好望角的

航线是从欧洲到印度洋海域和亚洲的唯一海上通道。随着非洲国家经济的发展和基础设施的完善，越来越多的游客选择搭乘邮轮去非洲游览。

非洲邮轮航线主要可以划分为：北非、西非、东非、南非区域。北非航线通常会串联到地中海航线中；东非和西非地区经济发展较不稳定，邮轮旅游发展较滞后；南非地区经济和社会情况比较利于邮轮旅游业的发展，所以选择此航线的游客较多。

1. 北非邮轮航线

该区域航线主要集中在西北非，特别是摩洛哥和突尼斯，以及西北非大西洋的加纳利群岛和马德拉群岛。一般在 5 ～ 10 月运营。主要到达摩洛哥、阿尔及利亚、突尼斯、埃及等国，主要经停摩洛哥的卡萨布兰卡、丹吉尔，阿尔及利亚的阿尔及尔，突尼斯的拉古莱特，埃及的塞得等港口。

因为北非面临地中海，该区域的航线还经常与欧洲地中海航线串联，一般从意大利、法国、希腊等国的邮轮母港出发，途经挂靠北非的某些港口，然后返回欧洲。主要经典航线：欧洲—西北非邮轮航线。

2. 西非邮轮航线

非洲西海岸的邮轮航线一般每年 11 月至次年 3 月运营，主要到达圣赫勒拿（英）、阿森松岛（英）、圣多美和普林西比等西非大西洋岛屿，以及塞内加尔的达喀尔、科特迪瓦的阿比让、尼日利亚的拉各斯等港口。但是主要以游览西非大西洋的三大岛屿为主。

3. 东非邮轮航线

东非航线主要集中在非洲东海岸和印度洋一些岛屿，主要到达肯尼亚、坦桑尼亚等国，以及塞舌尔的马埃岛和普拉兰岛、科摩罗群岛，也会延伸到留尼汪、毛里求斯等印度洋岛屿。途经的港口主要有肯尼亚的蒙巴萨、坦桑尼亚的达累斯萨拉姆和桑给巴尔、塞舌尔的维多利亚港、留尼汪的圣丹尼港、毛里求斯的路易港等。

4. 南非邮轮航线

南非邮轮航线主要到达南非共和国、莫桑比克、马达加斯加、纳米比亚、毛里求斯等国，途经南非的开普敦、德班，莫桑比克的马普托，纳米比亚的鲸湾，马达加斯加的贝岛、塔马塔夫，留尼汪的圣丹尼，毛里求斯的路易等港口。

邮轮航线主要是从开普敦开始的循环航线，或从开普敦前往伊丽莎白港、理查德兹湾、德班港、马普托港等，甚至远达坦桑尼亚的桑给巴尔和肯尼亚的蒙巴萨等东非港口，这种航线串联东非和南非，畅游印度洋的岛屿和沿岸国家。

5. 非洲内河邮轮航线

即往返于埃及的阿斯旺和卢克索之间的尼罗河航线。该航线全年开放，因为普通的邮轮旅游船舶无法在尼罗河上航行，就有专供邮轮旅游的租用游船。在阿斯旺开往卢克索的航线上，可以欣赏到阿斯旺大坝、菲莱神庙、方尖碑、科翁坡神庙、埃德福神庙、帝王谷、孟农神像、卡尔奈克神庙群、卢克索神殿等名胜古迹。

利用互联网查阅资料，了解非洲主要有哪些旅游资源。

第九节 跨洲邮轮航线和环球邮轮航线

　　1519 年 8 月 10 日，斐迪南·麦哲伦率领船队从西班牙开始环球航行，1521年 4 月 27 日，麦哲伦于环球途中在菲律宾小岛的部族冲突中死于非命。之后船上的水手继续向西航行，最终于 1522 年 9 月 6 日回到欧洲，历时 1082 天，完成了人类首次环球航行。现在距人类首次环球旅行已经过去了 500 多年，但人们"环游世界"的脚步一刻都没有停止。坐着邮轮环游世界，几乎是大多数人的梦想。近年来，随着各大邮轮公司陆续推出跨越大洲的超长距离邮轮旅游航线，结合航空飞机的环球邮轮航线也越来越多，价格也不再是高不可攀，环球旅游对越来越多的人来说已不再遥不可及。

 知识内容

一、跨洲邮轮航线

　　随着加勒比、地中海这类短途邮轮航线的兴起，较少有邮轮公司再去经营跨洋航线。但在每年的春秋季节，当邮轮公司的邮轮进行转场航行时，邮轮公司也提供这类航线销售。跨区旅游通常开始于地区旅游旺季的末尾，连接到另一区域的另一旺季，目的是充分利用旅游淡季被闲置的船舶，以持续经营邮轮旅游业务。

　　跨洲邮轮旅游大都在 9 月、10 月和 11 月进行。常见的邮轮航线主要有：

　　1. 从欧洲横跨大西洋到达北美洲航线（或反向）

　　该航线从欧洲横跨大西洋至百慕大群岛、巴哈马群岛、加勒比海、巴拿马运河等地，或者反向。

　　2. 从欧洲地中海途经苏伊士运河至非洲东海岸、亚洲航线

　　该航线主要从欧洲地中海主要邮轮母港出发，途经地中海、苏伊士运河、红海，到达印度洋，最后到达中东、南亚、东南亚或者东非、南非。该航线可饱览地中海地区的古老文明，又可以欣赏东非及亚洲的特色景观。

　　3. 从阿拉斯加沿美国西海岸南下到墨西哥、巴拿马运河或加勒比海地区（北美洲到中美洲）

　　该航线把北美洲、中美洲、加勒比海地区都涵盖了。有时也会沿途转至夏威夷和塔希提岛等南太平洋区域。

　　4. 从阿拉斯加横跨太平洋至夏威夷、亚洲或南太平洋地区航线（北美洲—亚洲、大洋洲）

　　该航线主要是途经夏威夷群岛、塔希提岛、斐济、新喀里多尼亚岛、所罗门群

岛、瓦努阿图、汤加、库克群岛等地，游览形态各异的南太平洋岛屿。

5. 从东南亚（东亚）到大洋洲邮轮航线

该航线主要从东南亚（东亚）出发到达澳大利亚和新西兰。

二、环球邮轮航线

通常邮轮切换航区，或者淡季游客较少时，邮轮公司才能排出空船。每年一月是邮轮公司环球航线最多的月份。如果我们登录携程旅行官网，会看到有诸多邮轮公司推出环球旅游航线，这些航线航程天数不等，沿途挂靠的港口也不尽相同，但都有着丰富多彩的主题与特色。

冠达邮轮公司于2020年，在其官网推出了"玛丽皇后2"号2021年1月10日～4月19日、为期99晚的环球旅游。它从英国南安普敦出发，途经大西洋—西非—南非—印度洋—澳大利亚—东南亚—南亚—中东—红海—苏伊士运河—地中海—直布罗陀海峡—大西洋，然后返回南安普敦（图2）。

英国南安普敦 >	澳大利亚悉尼（过夜）>	斯里兰卡科伦坡 >
海上航行三天 >	海上航行一天 >	海上航行一天 >
西班牙特内里费 >	澳大利亚布里斯班 >	阿联酋阿布扎比 >
海上航行八天 >	海上航行两天 >	阿联酋迪拜（过夜）>
南非开普敦 >	澳大利亚凯恩斯（约克斯诺德出发观光）>	海上航行一天 >
海上航行一天 >	海上航行三天 >	阿曼马斯喀特 >
南非伊丽莎白港 >	澳大利亚达尔文 >	海上航行一天 >
海上航行一天 >	海上航行两天 >	阿曼塞拉莱 >
南非德班 >	印度尼西亚比通 >	海上航行四天 >
海上航行三天 >	海上航行三天 >	约旦佩特拉（亚喀巴出发观光）>
毛里求斯路易港 >	中国香港（过夜）>	通过苏伊士运河 >
留尼汪岛港口市 >	海上航行一天 >	海上航行一天 >
海上航行七天 >	越南顺化或岘港（岘美出发观光）>	希腊雅典（比雷埃夫斯出发观光）>
澳大利亚珀斯（弗里曼特尔出发观光）>	海上航行一天 >	西班牙巴塞罗那 >
澳大利亚玛格丽特河（巴瑟尔顿出发观光）>	越南胡志明市（富美出发观光）>	海上航行一天 >
海上航行三天 >	海上航行一天 >	西班牙塞维利亚（加的斯出发观光）>
澳大利亚阿德莱德 >	新加坡（过夜）>	海上航行两天 >
海上航行一天 >	马来西亚吉隆坡（巴生出发观光）>	英国南安普敦
澳大利亚墨尔本 >	马来西亚槟城 >	
海上航行一天 >	海上航行两天 >	

¥115000 起/人
价格仅供参考

图2 "玛丽皇后2"号邮轮环球航线

和平之船环球邮轮公司成立于1983年，是专注于邮轮环球航行的非政府组织（NGO），作为具有联合国特别资商地位的NGO，它致力于通过各种国际活动来推动联合国"可持续发展目标"的实施。

例如，2020年，和平之船官网提前公布"天蓝星"号第5期环球航程，计划于2021年8月24日从中国温州出发，2021年12月5日返回日本横滨，全程历时104天，途经中国—东南亚—南亚—印度洋—红海—地中海—欧洲—大西洋—冰岛—北美洲—加勒比海—南美洲—南太平洋—北太平洋—日本。

拓展学习

利用互联网查阅资料，比较麦哲伦环球旅游与现代环球旅游的不同。

第十节　国外主要内河游轮航线

通常，我们把航行在海上的跨国豪华客轮称为"邮轮"，而把航行距离较短，主要在湖泊、河流或者附近海域航行的客轮称为"游轮"。内河游轮也越来越成为游轮领域的新宠，由于内河具有停靠方便、可快速造访沿岸城市中心、价格实惠等优势，所以对海洋天生有惧怕感的游客可选择游轮旅游。

知识内容

目前世界上游轮旅游最发达的是欧洲，拥有多瑙河、莱茵河、塞纳河、卢瓦尔河、易北河、泰晤士河等众多游轮航线，此外，非洲的尼罗河、南美的亚马孙河等均有游轮旅游航线。

国外主要的游轮航线有：

一、欧洲多瑙河游轮航线

多瑙河发源于欧洲中部阿尔卑斯山，一路向东流经德国、奥地利、克罗地亚、罗马尼亚、乌克兰等近十个国家后最终注入黑海。它是欧洲第二大河，也是世界上干流流经国家最多的河流。多瑙河游轮旅游航线是欧洲开发历史悠久、运营状况较好的游轮旅游航线之一，目前仍是很多游客造访中欧诸国时经常选择的一种舒适便捷的旅行方式。

多瑙河游轮旅游航线途经德国、奥地利、捷克、斯洛伐克、匈牙利等众多中欧国家。搭乘游轮穿行于多瑙河，游客可以拜访德国南部的神秘小城，在萨尔茨堡听一场音乐会，在瓦豪河谷品尝一杯正宗的葡萄酒，在捷克小镇上找寻中世纪的遗风，在布达佩斯泡一次天然温泉，这样的旅行方式轻松舒适，悠闲自在，深受欧美老年游客的喜爱。

二、欧洲莱茵河游轮航线

莱茵河发源于欧洲瑞士阿尔卑斯山脉，流经列支敦士登、奥地利、法国、德国、荷兰，最终注入北海。莱茵河流程不长，但可停靠港口众多，可从荷兰阿姆斯特丹出发，沿莱茵河南下一直到瑞士的巴塞尔。

莱茵河游轮与多瑙河游轮一样有着较长的运营史和良好的运营收益，也是欧洲热门的内河游轮旅游线路之一。莱茵河游轮航线中的精华景点几乎全部位于德国境内，尤其是从吕德斯海姆到科布伦兹 60 千米的精华段更是热门线路，这一段莱茵河航路甚至被列入世界文化遗产。莱茵河游轮航线中最大的看点莫过于河流两边散布的几十座大大小小的古堡，如斯塔莱克城堡、美丽堡、马克思堡等，每一座古堡都造型优美、各具特色。

三、埃及尼罗河游轮航线

埃及尼罗河游轮旅游是埃及政府修建阿斯旺水坝后形成了壮阔的纳赛尔湖之后的产物，因为纳赛尔湖水量充沛，沿尼罗河两岸又拥有众多的古埃及文物古迹，使该区域成为绝佳的游轮旅游场所，埃及政府于是开始打造这条黄金旅游线路。现在，每天有近百艘豪华游轮穿梭于尼罗河上。

尼罗河游轮一般航程为 3 ～ 4 天，起点是南部城市阿斯旺，终点是历史文化名城卢克索，行程中每到一处陆上景点都会让游客下船观光，主要景点包括阿斯旺水坝、菲莱神庙、科翁坡神庙、埃德福神庙等，游客还可以在船上眺望远处的沙漠景观。

📖 拓展学习

利用互联网查阅资料，了解莱茵河、多瑙河历史文化、民俗风情和旅游景观。

第十一节　中国相关的邮轮航线

近年来，随着邮轮旅游在中国的兴起，越来越多的中国人开始喜欢上了这种舒适的出行方式，旅行真正变成了一种享受。中国游客正逐渐将度假精神融入自己的出行中。

中国邮轮市场主打周边国家邮轮旅游航线，日本、韩国、新加坡、马来西亚、泰国、越南等都是中国邮轮旅游市场热门的旅游目的地，日韩航线、东南亚航线几乎集中了大部分出境邮轮旅游的中国游客。

✱ 知识内容

中国周边邮轮旅游主要可以分为出境游和国内游。出境游主要到达日本、韩国和东南亚地区，近年来还新开发了"一带一路"邮轮旅游航线。国内游主要有长江三峡游轮旅游航线，以及新开发的西沙群岛游轮旅游航线、无目的地游轮旅游航线。

一、出境游邮轮航线

日本、韩国旅游业发展较早，旅游市场较为成熟，成为中国游客出境游的首选目的地，日韩邮轮航线也成为中国邮轮旅游市场最先兴起的线路，这一线路又包括以下几种旅游航线：

1. 中国—日本邮轮航线

从中国邮轮母港出发驶向九州、四国、本州、北海道等日本主要岛屿，线路几乎涵盖了日本本岛所有著名的旅游目的地。

2. 中国—韩国邮轮航线

一般从天津、青岛、烟台、上海等中国北方邮轮港口出发，跨越渤海、黄海到达韩国，通常访问首尔、釜山、济州等地。这条线路能从多角度让游客近距离了解韩国，感受韩国的传统文化。

3. 中国—日韩联线邮轮航线

该航线是中日韩邮轮航线中线路最成熟、选择性最多样化、目的地和停靠港口最多、游客最集中的出境邮轮旅游线路。各大邮轮公司推出不同航程天数、不同经停港点和目的地的航线，让游客体验到日韩两国最真实的面貌。

4. 中国—东南亚邮轮旅游航线

目前，中国—东南亚最常见的邮轮线路有两条，一条是新马泰航线，一条是越南线。

① 中国—新马泰邮轮航线

这是东南亚邮轮航线中开辟最早的线路，主要涵盖新加坡、马来西亚、泰国三国。沿岸主要经停新加坡、兰卡威、槟城、巴生港、普吉岛、苏梅岛、曼谷等地。该线路一般需要中国游客先乘坐飞机飞抵新加坡，然后从新加坡邮轮母港上船起航。

② 中国—越南邮轮航线

一般是从广州、三亚、香港等中国南部港口出发，主要到达越南北部的海防、蔡兰（特别是游览"海上桂林"之称的下龙湾），中部的顺化、岘港，南部的芽庄、胡志明市等。

此外，有些邮轮公司也推出了东南亚多国邮轮连线，如新马泰与越南连线，有些航线甚至会到达马来西亚沙巴、印度尼西亚巴厘岛、菲律宾群岛等东南亚其他区域。

5. "一带一路"系列邮轮航线

"一带一路"是"丝绸之路经济带"和"21世纪海上丝绸之路"的简称，2013年中国提出建设"新丝绸之路经济带"和"21世纪海上丝绸之路"的合作倡议，主要包含中国与相关国家加强政治、经济、文化、外交等相互联系的构想与实践。其中，邮轮旅游合作也是"一带一路"民心相通的重要实现方式。

"海上丝绸之路"承接中国古代的海上贸易线路，涉及东南亚、南亚、中东、东非、北非、欧洲等诸多人文地理区域，涉及太平洋、南海、马六甲海峡、孟加拉湾、印度洋、阿拉伯海、波斯湾、红海、地中海等众多国际水域，同时还包含了东南亚、中东、欧洲的众多旅游大国。在以上环境背景下，开通中国与海上丝绸之路沿线国家之间的邮轮旅游航线具有创新性和时代意义。"一带一路"倡议提出以来，与此有关的邮轮旅游航线就开始在中国市场上酝酿和打造。

2015年2月，北部湾邮轮公司所属的"北部湾之星"号邮轮开启了中国北部湾到东盟"海上丝绸之路"的邮轮首航，它由中国（广西北海港）出发，开往越南、马来西亚。2017年5月，嘉年华邮轮的"盛世公主"号邮轮从意大利罗马（奇维塔韦基亚港）起航，一路沿着海上丝绸之路东行，跨越欧洲、非洲、亚洲，终点到达中国厦门，历时37天，它是首条以"海上丝路"名义打造的跨大洲邮轮旅游航线。

二、国内游游轮航线

1. 中国长江三峡游轮航线

长江三峡是中国首批风景名胜区，号称"中国十大风景名胜之一"，是集游览观光、科考怀古、艺术鉴赏、文化研究、民俗采风、建筑考察等为一体的国家级旅游风景名胜区，也是中国较早向世界推荐的两条黄金旅游线路之一（另一条为丝绸之路）。

它由瞿塘峡、西陵峡、巫峡组成，西起重庆市奉节县，东至湖北省宜昌市南津关，全长 193km。长江三峡景点众多，既有美丽的自然风光，如夔门、神女峰、神农溪、巫山小三峡、灯影峡等，也有丰富的人文瑰宝，如白帝城、白鹤梁、张飞庙、丰都鬼城、屈原祠等，更有惊叹世界的人造奇观三峡水利枢纽。

丰富多彩的水陆旅游资源，便捷的长江黄金水道，为三峡游轮旅游打造了极佳的舞台，三峡旅游也逐步进入了由豪华游轮打造的"慢旅游"时代。现在，每天都有大量游轮往返于重庆与宜昌之间，给游客带来四到五天精彩的长江三峡水上之旅。目前执行三峡航线的游轮有"新世纪系列""美国维多利亚系列""东方皇家系列""中国龙系列""皇家公主系列""长江海外系列""黄金系列"等共三十多艘。

2. 西沙群岛游轮旅游航线

随着游轮旅游业在中国的迅速发展，越来越多带有中国特色、中国印记、中国标志的新兴游轮旅游航线相继开发出来。西沙群岛、南沙群岛、中沙群岛等岛礁，由于其迷人的热带风光开始被国人关注。因为西沙群岛零落分散于广阔南海，因此游轮出行成为西沙旅游的首选方式。

西沙游轮旅游航线于 2013 年开通，主要以海南三亚港为起点，目前有多艘游轮开设 4 ~ 7 天不等的西沙游轮之旅，如"椰香公主"号、"北部湾之星"号、"长乐公主"号、"南海之梦"号等。西沙之旅主要在大海与岛礁之间穿行游览，其主要景点包括鸭公岛、全富岛、银屿岛、北礁、甘泉岛、羚羊角等，由于开发时间较短，岛礁面积大小不一，现阶段能够登陆的只有鸭公岛、全富岛、银屿岛等少数岛屿。西沙之旅基本以垂钓、潜水、游泳、日光浴、体验渔民生活、品尝海鲜等活动为主。

3. 无目的地游轮旅游航线

"无目的地游轮旅游"，又称"公海旅游"，是中国近几年来新出现的国内游轮旅游方式，也就是，游轮出港后不停靠任何其他港口，只在相关海域保持巡游，最后再回到出发港，游客即完成一次游轮旅游体验。

中国首批试点无目的地游轮旅游的邮轮母港有天津、上海、厦门、三亚，这种旅游的航程一般较短，基本为两天一夜或三天两夜，属于纯游轮体验形式，没有任何上岸观光，游客利用一切时间享受游轮上的各项设施和服务，欣赏海上日出日落的美景，观赏海豚和鲸鱼等鱼类，满足了那些出游时间有限，又想充分体验游轮乐趣的游客的出行需求，更符合游轮旅游"度假"的精神意义所在。目前中国最主要的无目的地游轮旅游路线是"深圳（香港）—海上巡游—深圳（香港）"，几乎占据了国内无目的地游轮旅游的半壁江山。

 拓展学习

查阅互联网资料，了解更多与中国相关的邮轮航线沿线国家及地区风土人情。

第十二节 影响邮轮设置访问港目的地的主要因素

学习引导

世界上有众多港口和各具特色的旅游地，邮轮公司是否有必要或者有可行性条件将所有的港口或者旅游地设置为邮轮访问目的地呢？

知识内容

邮轮公司在选择访问港口或旅游目的地时，主要会从国际国内环境、宏观微观的形势、成本收益等各个角度权衡考量，那么，具体要考虑哪些主要因素呢？

一、目的地收益潜力

收益潜力是指旅游目的地的岸上风景能够给邮轮公司带来的直接或间接效益。直接效益就是指邮轮公司承包岸上风景的相关项目出售给邮轮游客的直接收入，一般该收入与目的地的景点知名度成正比。间接收入是指目的地旅游的特色风景知名度给邮轮公司带来的潜在游客，能够增加邮轮公司的船上收入。

二、市场吸引力和接近客源地

市场吸引力是指一个邮轮市场所具有的活力和潜力。活力是指该市场目前的客流量大小；潜力是指未来的发展空间。对于邮轮公司来说，市场活力与潜力都是需要考虑的因素，缺一不可。邮轮公司的主要收入来源还是游客，所以接近客源地是保障收益的必要条件。北美邮轮市场之所以能够占全球一半的份额，是因为有北美这个世界强大经济体作为后盾。

近年来，北美邮轮旅游市场的地位开始有所下降，一方面是由于该地区可开发的空间有限，另一方面是由于亚洲、欧洲等地区对邮轮旅游的热情不断高涨。所以邮轮公司在逐步扩大对亚洲、欧洲地区航线的开辟和新船的投放。接近有吸引力的目的地是保障客源的前提条件。一个有客源市场的邮轮航线，若是没有有吸引力的目的地，游客的数量就无法保障。例如埃及虽然与欧洲相隔一个地中海，接近客源地，但是由于中东局势的不明朗，埃及目的地的吸引力就极大地减弱了。

三、是否拥有丰富的游客活动和项目

邮轮目的地丰富的游客活动是吸引客源的重要条件，目的地丰富的岸上活动能够使游客有更多的选择而不是单一的观光体验。现在很多邮轮公司都极力与岸上景点合

作以开辟更多的市场。例如，皇家加勒比游轮公司每年都会有相应的航次与奥兰多的迪士尼乐园合作，丽晶七海邮轮也有相应的黑海（全球主要鱼子酱产地之一）鱼子酱体验。

四、旅游目的地是否气候宜人

旅游的最大目的在于休闲放松，所以良好的气候条件是吸引游客前往的必要因素。全球几大核心邮轮市场，如加勒比海和地中海均是天然的度假胜地，蓝天碧海是游客度假的最佳选择。

五、邮轮的运营安全

大部分游客选择邮轮旅游是为了放松，所以邮轮公司必须能够保障游客的人身财产不受侵害。在一些政权不稳，以及恐怖主义、海盗盛行的区域，不可控因素太多，游客安全不能保障，所以邮轮公司是不敢贸然开辟航线的。

六、物流的可实现性

邮轮是一个大型的"海上移动酒店"，游客的日常消费几乎全在船上进行，每天都有大量的物品消耗，所以选择目的地的时候必须考虑目的地是否有能力进行生活物品和船舶油料的补给及船舶维修。所以物流可实现性是邮轮公司选择目的地的考虑因素之一。

七、成本因素

邮轮公司目的地运营成本涉及港口费用、佣金、经济发展状况、燃料价格、外交关系等。对这些因素，邮轮公司必须事先做好调查和研究，权衡利益和成本后再决定目的地选择的可行性。

📖 拓展学习

利用互联网查阅资料，了解邮轮设置访问港目的地的其他因素。

第十三节　邮轮设置航线的主要因素

学习引导

随着经济的迅猛发展与人们生活水平的日益提高，邮轮旅游作为一种高档的旅游方式越发受到大众的青睐，邮轮旅游产业也随之呈现出良好的发展态势，邮轮航线作为影响邮轮旅游的重要因素之一，其设置得科学与否对邮轮旅游产业的发展至关重要。

✳ 知识内容

邮轮公司是如何开发和设置邮轮旅游航线的呢？为什么要选择挂靠某个港口，

而不是另外的其他港口？为什么要按照一定的顺序经停港口？想要一探究竟，就需要了解一下邮轮公司开发和设置邮轮旅游航线的基本考虑因素。

一、邮轮目的地的季节性

邮轮旅游的目的地即为邮轮在航行途中经访问港所到达的目的地。从旅游发展的基本要素来看，邮轮目的地的旅游必然有着季节性的局限性。

例如，阿拉斯加的邮轮旅游一般都是在夏季进行，冬天的时候海上结冰，邮轮无法进入该区域；还有，北美东海岸由纽约出发，北上加拿大航线主要是观看漂亮的枫叶，而枫叶最美的季节只在 9 ～ 10 月；另外，许多喜欢鲜花的朋友会在每年的 4 ～ 5 月去荷兰看郁金香花展。所以，对于邮轮来说，目的地的旅游季节性特点是需要重点考虑的，同时在直航或顺路挂靠一些港口之间进行权衡，也是邮轮合理运营、减少成本的重要途径。邮轮公司在设计航线时必须有效结合目的地的季节旅游特色和游客的喜好。

二、邮轮航行速度和燃油消耗

根据相关研究，邮轮的最佳运营为昼泊夜航，即，白天停靠在港口以便游客能够很好地到达岸上观光，晚上开船是为了在游客疲惫睡觉的时候赶赴下一个目的地，让游客能够有效利用时间。通常邮轮都是下午 6 点左右开航，第二天上午 8 点左右到港，夜航时间是十几个小时，所以目的地的设置就需要邮轮公司根据"时间 - 速度 - 距离"公式来保障符合昼泊夜航原则。

三、港口及其他运营费用和成本

航线设置时为了保障邮轮公司的利润最大化，应当尽可能地降低港口及其他运营费用和成本。例如，港口的物流补给成本、港务费用、安控风险、外交风险等。成熟邮轮公司在经营过程中必须能够对其运营成本进行有效的控制。

四、乘客反馈及满意度调查

邮轮公司每年会对游客进行相应的满意度调查，以发现自身存在的问题并发挥优势。通过相应的乘客反馈，邮轮公司能够知道游客真正需要什么，从而能够有效结合客源地游客特点进行航线的开辟。例如，歌诗达邮轮通过调查发现中国游客喜欢低价邮轮产品，便将"大西洋"号和"维多利亚"号两艘性价比高的邮轮派往中国；皇家加勒比在调查中国游客特点后发现中国游客在海外购物的比例很大，于是在每一条航线上尽可能增加目的地的购物时间和地点。

五、船上管理人员评论及报告

邮轮公司中与游客直接接触的还是邮轮的船上工作人员，所以船上管理人员的评论及报告极其重要，船上的管理人员在每天与游客打交道的过程中必然有自己的感知和经验，这些都是重要的信息资产。所以邮轮公司进行航线部署的时候也会很重视船上管理人员的评论及报告。

六、预订模式以及利用历史航季经验

预订模式是邮轮公司避免风险的有效途径。游客通过邮轮公司的相关网站或代理进行预订，能够使邮轮公司提前了解游客的需求，适时地调整航线，有效地避免重大亏损。利用历史航季经验就是通过相关大数据和管理人员的报告进行分析和预测，判断某航线的设置合理性。这两者都是有利于公司规避风险、合理布置航线的重要手段。

📖 拓展学习

利用互联网查阅资料，了解邮轮航线设置的特征与规划要素。

📝 思考练习

一、单项选择题

1. 邮轮从地中海到达北大西洋要经过（　　）。

A. 直布罗陀海峡　　B. 麦哲伦海峡　　C. 马六甲海峡　　D. 苏伊士运河

2. 加拿大—新英格兰航线主要往返于（　　）之间。

A. 温哥华和伦敦　　　　　　　　　　B. 纽约和蒙特利尔

C. 温哥华和纽约　　　　　　　　　　D. 蒙特利尔和伦敦

3. 阿拉斯加地区主要的邮轮旅游资源是：（　　）。

A. 海岛风光　　　　　　　　　　　　B. 冰川风貌、珍稀野生动物

C. 枫叶　　　　　　　　　　　　　　D. 玛雅文化

4. 南加勒比海地区邮轮挂靠的 ABC 三岛指的是：（　　）。

A. 阿鲁巴岛 - 博内尔岛 - 库拉索岛　　B. 圣乔治 - 圣胡安 - 圣约翰

C. 圣卢西亚 - 圣基茨岛 - 圣托马斯岛　D. 公主岛 - 大马镫礁岛 - 漂流岛

5. 南美洲最南端的邮轮港口，也经常作为南极航线的始发港是：（　　）。

A. 布宜诺斯艾利斯　B. 乌斯怀亚　　C. 蓬塔阿雷纳斯　D. 圣安东尼奥

6. 和平之船环球邮轮公司成立于 1983 年，是专注于邮轮（　　）航行的非政府组织（NGO）。

A. 环球　　　　　　B. 跨洲　　　　C. 跨洋　　　　　D. 无目的地

7. 智利的（　　）是前往南极洲的邮轮始发港之一。

A. 蓬塔阿雷纳斯港　　　　　　　　　B. 乌斯怀亚港

C. 布宜诺斯艾利斯港　　　　　　　　D. 卡塔赫纳港

8. 东南亚到非洲东海岸的邮轮航线要经由（　　）。

A. 印度洋　　　　　B. 北冰洋　　　　C. 太平洋　　　　D. 大西洋

9. 邮轮的最佳运营规律为（　　）。

A. 昼泊夜航　　　　B. 夜泊昼航　　　C. 连续航行　　　D. 走走停停

10. 南美洲的（　　）曾是标志着伟大航海先驱们首次环球航行的里程碑。

A. 麦哲伦海峡　　　B. 加勒比海　　　C. 好望角　　　　D. 巴拿马运河

11. 南美洲航线可以穿越（　　）到达南极洲。

A. 好望角　　　　　B. 德雷克海峡　　C. 巴拿马运河　　D. 加勒比海

12. 邮轮从非洲西海岸（大西洋沿岸）到达非洲东海岸（印度洋沿岸）要经过（　　　）。

    A. 合恩角　　　　　　B. 麦哲伦海峡　　　　C. 巴拿马运河　　　D. 好望角

二、多项选择题

1. 中国出境游邮轮航线主要到达（　　　　　）。

    A. 日本　　　　　　　B. 韩国　　　　　　　C. 朝鲜　　　　　　D. 东南亚地区

2. 中东地区邮轮港口包括：（　　　　　）。

    A. 科伦坡港　　　　　B. 迪拜港　　　　　　C. 塞拉莱港　　　　D. 海法港

3. 邮轮畅游东南亚，主要到达：（　　　　　）。

    A. 胡志明市　　　　　B. 普吉岛　　　　　　C. 新加坡　　　　　D. 巴厘岛

4. 下列哪些欧洲城市拥有邮轮港口？（　　　　）

    A. 巴黎、波尔多　　　　　　　　　　B. 南安普敦、多弗尔

    C. 哥本哈根、赫尔辛基　　　　　　　D. 莫斯科、圣彼得堡

5. 欧洲邮轮航线主要分布在（　　　　）等区域。

    A. 地中海　　　　　　B. 波罗的海　　　　　C. 大西洋及北海沿岸　　D. 波斯湾

6. 阿拉斯加邮轮航线的始发港主要有：（　　　　　）。

    A. 纽约港　　　　　　B. 旧金山港　　　　　C. 西雅图港　　　　D. 温哥华港

7. （　　　　）集中了世界近一半的邮轮航线，是邮轮主要市场。

    A. 北美洲　　　　　　B. 欧洲　　　　　　　C. 南美洲　　　　　D. 亚洲

8. 邮轮到达波罗的海东欧三国的首都指的是（　　　　　）。

    A. 赫尔辛基　　　　　B. 维尔纽斯　　　　　C. 里加　　　　　　D. 塔林

9. 西非（非洲西海岸）邮轮航线主要到达（　　　　　）。

    A. 圣赫勒拿　　　　　B. 阿森松岛　　　　　C. 圣多美和普林西比　　D. 塞舌尔

10. 邮轮畅游南太平洋热带岛屿国家和地区主要包括：（　　　　　　）。

    A. 斐济　　　　　　　B. 塔希提岛　　　　　C. 库克群岛　　　　D. 萨摩亚、汤加

11. 欧洲地中海沿岸出发的邮轮航线到达非洲挂靠的港口有：（　　　　　）。

    A. 迪拜　　　　　　　B. 卡萨布兰卡　　　　C. 突尼斯　　　　　D. 丹吉尔

12. 以下哪些是大洋洲主要旅游资源？（　　　　　）

    A. 火山岛　　　　　　B. 珊瑚岛　　　　　　C. 阳光海滩　　　　D. 当地的风土人情

13. 以下哪些是欧洲旅游区域？（　　　　　）

    A. 西地中海　　　　　B. 欧洲大西洋沿岸　　C. 波罗的海　　　　D. 加勒比海

14. 亚洲邮轮旅游区域，主要包括（　　　　　）。

    A. 中国　　　　　　　B. 日本、韩国　　　　C. 东南亚　　　　　D. 南亚、中东

15. "新马泰"邮轮旅游目的地指的是（　　　　　）。

    A. 新加坡　　　　　　B. 马来西亚　　　　　C. 泰国　　　　　　D. 菲律宾

三、判断题

1. 中国—新马泰邮轮航线，一般需要中国游客先乘坐飞机飞抵新加坡，然后从新加坡邮轮母港上船起航。（　　　）

2. "无目的地邮轮旅游"，即邮轮出港后不停靠任何其他港口，只在相关海域保持巡游，最后再回到出发港，游客即完成一次邮轮旅游体验。（　　　）

3. 巴西是南美洲最大的国家，主要旅游城市有圣保罗和里约热内卢。　　　（　　）

4. 波罗的海邮轮航线基本串起所有北欧知名的大城市和港口。　　　（　　）

5. 墨西哥及美国太平洋海岸邮轮航线主要到达洛杉矶、圣地亚哥、恩瑟纳达、阿卡普尔科等。　　　　　　　　　　　　　　　　　　　　　　　　（　　）

6. 东非邮轮航线主要到达肯尼亚、坦桑尼亚等国，以及塞舌尔的马埃岛和普拉兰岛、科摩罗群岛。　　　　　　　　　　　　　　　　　　　　　　　（　　）

7. 日本、韩国旅游业发展较早，旅游市场较为成熟，成为中国邮轮旅游市场最先兴起的线路。　　　　　　　　　　　　　　　　　　　　　　　　（　　）

8. 越南的主要邮轮旅游目的地有海防、蔡兰（下龙湾）、顺化、岘港、芽庄、胡志明市等。　　　　　　　　　　　　　　　　　　　　　　　　　（　　）

9. 加勒比海地区邮轮航线又细分为东、南、西、北加勒比海邮轮航线。　（　　）

10. 东北亚地区在邮轮业界也被称为"远东地区"，主要由中、日、韩三国构成。　　　　　　　　　　　　　　　　　　　　　　　　　　　　　（　　）

11. 美国最大的三个邮轮母港迈阿密港、卡纳维拉尔港、罗德岱堡都在佛罗里达州。　　　　　　　　　　　　　　　　　　　　　　　　　　　（　　）

12. 意大利的邮轮母港包括罗马港和威尼斯港。　　　　　　　　　　（　　）

13. 邮轮航线短程化的趋势越来越明显。　　　　　　　　　　　　　（　　）

14. "世界七大奇迹之一"的巴拿马运河属于中美洲。　　　　　　　　（　　）

15. 非洲北部隔地中海和直布罗陀海峡与亚洲相望。　　　　　　　　（　　）

16. 东南亚地区的邮轮航线丰富多彩，主要是在新加坡、泰国、马来西亚、印度尼西亚等几国之间和一些岛屿之间往来穿梭。　　　　　　　　　　　　（　　）

17. 中东的邮轮旅游目的地主要集中在波斯湾和红海。　　　　　　　（　　）

18. 加勒比海邮轮旅游航线主要畅游星罗棋布、风格各异的加勒比海岛。（　　）

19. 西地中海航线主打"古文明之旅"，起点一般是意大利的威尼斯、希腊的雅典（比雷埃夫斯港）、土耳其的伊斯坦布尔等。　　　　　　　　　　　　（　　）

20. 在一些政权不稳，以及恐怖主义、海盗盛行的区域，不可控因素太多，游客安全不能保障，所以邮轮公司是不敢贸然开辟航线的。　　　　　　　　（　　）

第六章　邮轮旅游过程

学习目标

▶ 知识目标

1. 认识邮轮旅游者的特征，了解选择邮轮旅游的促动和阻碍因素；

2. 掌握邮轮旅游须知、基本流程；

3. 熟悉邮轮旅游基本礼仪；

4. 熟悉邮轮餐饮、休闲娱乐、岸上观光等过程的服务特点。

▶ 技能目标

1. 条理清楚的逻辑分析与语言表达能力：能说出邮轮旅游基本流程；

2. 能通过互联网，收集整理某一邮轮区域的邮轮旅游攻略，并能够条理清楚地展示介绍出来；

3. 会利用电脑（办公软件）和互联网，提升查阅资料、自主获知并应用、处理信息的能力。

▶ 素质目标

1. 通过学习邮轮公司禁止游客携带物品等规章制度的案例，融入遵纪守法、诚实守信的道德修养；

2. 通过学习邮轮游客的基本礼仪规范，融入文明礼貌、明礼守法的社会公德；

3. 通过对邮轮旅游主要服务场景的学习，融入以人为本的价值追求、爱岗敬业的职业道德。

第一节　邮轮旅游者

M6-1　邮轮旅游者

　　根据同程旅游发布的中国《2016年国庆黄金周出境邮轮出游报告》，2016年国庆黄金周期间，出境邮轮旅游的出游人数约为14万，同比增长52%，其中，经由同程邮轮出游的人数达到两万人，同比增长81.62%。

　　从客源地来看，上海、江苏、浙江、北京、天津等地用户选择邮轮出游的热情较高，其中仅江、浙、沪出游人数占比就已经近半，达到45.96%。

　　出发港城市中，约有七成游客选择在上海母港乘坐邮轮，上海港依旧是中国邮轮主要的出发港，其次为天津港，占比约为21.45%。

国庆期间，邮轮人均消费（不含购物消费）较平时大幅提高，约有 26.70% 的用户消费在 5 001 元以上；2 000 元以下占比仅为 13.09%。在主要的邮轮出游省市中，北京人均消费最高，约为 5 495 元；其次为天津，约为 4 759 元。而主要客源地江、浙、沪地区人均消费相对较低，在 3 500 元上下浮动。

　　那么，我国邮轮旅游出游人数迅速增长的原因是什么？

 知识内容

一、什么是邮轮旅游者

　　邮轮旅游者是指任何除为了获得报酬之外，乘坐邮轮在海洋、江河、湖泊等水域及其腹地观光、休闲、度假、探亲访友、运动探险、医疗保健、购物、参加会议或从事经济、文化、体育活动的人。

二、邮轮旅游者产生的客观条件

　　邮轮旅游者产生的客观条件主要有两方面：经济条件和时间条件。经济条件也可以理解为居民可自由支配的收入，而时间条件指的是个人可自由支配的时间。

1. 可自由支配收入

　　根据国际邮轮旅游发展经验，当一个国家或地区人均 GDP 达到 6 000 ～ 8 000 美元时，邮轮旅游便会达到一个快速增长期。

　　以邮轮旅游经济发达的美国为例，美国统计局官方网站数据显示，20 世纪 60 年代初，美国的人均 GDP 接近 3 000 美元，美国人的出境旅游需求旺盛，而此时对应的邮轮旅游产业处于政府推动为主导，着力于建造停靠港提供初步设施的阶段，属于邮轮旅游业起步阶段，这一阶段邮轮游客不多；20 世纪 70 年代中后期，美国人均 GDP 超过 8 000 美元，此时美国邮轮旅游渐渐被消费者所接受，年增长率达 8.1%，成为美国邮轮旅游业成长拓展期；20 世纪 90 年代初，美国的人均 GDP 超过 23 000 美元，邮轮旅游年增率稳定在 7.4%，邮轮旅游业也随之进入繁荣成熟期。

　　居民可自由支配收入是指居民可用于最终消费支出和储蓄的总和，它包括现金收入和实物收入。按照收入的来源，居民可自由支配收入包括四项：工资性收入、经营性净收入、财产性净收入和转移性净收入。旅游支付就是由此产生的。

　　居民可自由支配的收入水平与一国的国民经济发展水平密切相关，它不仅决定了一个人是否有条件外出旅游，而且也决定了在旅游活动中的支付能力。

　　旅游的可自由支配的收入水平可以通过"恩格尔系数"进行衡量。恩格尔系数因 19 世纪德国的统计学家恩格尔提出而得名，用来研究家庭消费额支出模式。其公式为：（食物支出金额 ÷ 家庭可支配收入）×100%= 恩格尔系数。

　　恩格尔从统计中发现，随着家庭收入的增加，收入中用于食物方面的开支所占比例愈来愈小，恩格尔将家庭用于食物支出所占收入的比例，作为衡量一个国家富裕程度的标志。通行的国际标准是：一个国家平均家庭恩格尔系数大于 60% 为贫穷；

50% ～ 60% 为温饱；40% ～ 50% 为小康；30% ～ 40% 属于相对富裕；20% ～ 30% 为富足；20% 以下为极其富裕。

恩格尔系数越大，说明这个国家越贫困，家庭用于购买食物等生存资料的开支部分所占比例大于用于购买发展资料和享受资料的开支部分所占比例，个人可自由支配收入水平越低，外出旅游的人数也就越少；反之，恩格尔系数越小，说明这个国家人民的生活越富裕，家庭用于购买发展资料和享受资料的开支所占比例大于用于购买食物等生存资料的开支所占比例，个人可自由支配收入越高，外出旅游的人数也就越多。

2. 可自由支配时间

可自由支配时间主要取决于一个国家或地区的休假制度与休闲观念。国际邮轮旅游最短航线需要 2 ～ 3 天，主导产品是 6 ～ 8 天的行程，跨洋航线一般在 1 个月以上。充足的休闲时间是国民参加邮轮旅游的前提条件。研究发现，邮轮旅游业发达的国家的休假制度一般较完善。例如，美国除了法定的休假日，企业一般规定，全职职工上岗半年后，获得 5 个工作日的带薪休假；一般职工干满一年，带薪休假就增加为 10 个工作日，5 年后为 15 个工作日，10 年后为 20 个工作日。完善的休假制度，使得邮轮旅游在美国市场一经出现就很快被人们所接受。邮轮旅游是种追求轻松、热情、优雅、舒适的旅游休闲产品，需要参与者持有放松的心态去体会。从邮轮旅游的内容看，除了在停靠港上的休闲时间，游客的大部分时间是在邮轮上度过的，如果没有度假的休闲观念是不能很好地体验邮轮旅游的愉悦之感的。

三、邮轮旅游者的主要特征

根据国际邮轮协会（CLIA）的一份研究报告显示，与非邮轮旅游者相比，邮轮旅游者呈现出高龄化、高学历、高收入、退休人数占比较大的特点；其特点也符合邮轮旅游追求高档舒适的旅行宗旨、长时间的浪漫旅程，以及比起普通旅行更昂贵的旅行费用等特征。

近年来 CLIA 在美国的调查研究显示，绝大多数首次乘坐邮轮的旅游者表示邮轮旅游的体验和经历远远超过了他们的期望，而乘坐过邮轮的旅游者也表示以后将再次乘坐邮轮。邮轮旅游者的满意度和重游率相对一般旅游者而言都较高。当前，邮轮旅游市场的绝大多游客来自美国和加拿大，因而北美地区的邮轮旅游者特点很好地代表了国际邮轮市场上游客的特点。

邮轮旅游者有以下显著特征：

1. 根据邮轮旅游者的人口统计学特征分析

（1）从收入水平上看

北美地区邮轮游客年均家庭收入较高，说明邮轮作为一项高档消费，消费群体主要集中在中产以上阶层。

（2）从教育程度上看

邮轮旅游者受教育程度也相对较高，据统计，大约有 76％ 的邮轮旅游者具有大学及以上学历。

（3）从年龄特征上看

在世界范围内，邮轮旅游者的一般标准是：25 岁以上，平均年收入在 4 万美元以上。有关研究显示，2008 年全球邮轮旅游者的平均年龄已经从 1995 年的 65 岁下降为 50 岁，平均年收入在 10 万美元以上。2011 年邮轮旅游者的平均年龄为 48 岁。2017 年，中国亚太邮轮大会报告，邮轮旅游者的年龄越来越趋于年轻化，年轻一代更加热衷邮轮旅行，对邮轮旅行的评价高于以陆地为基础的旅行。

（4）从出游方式上看

参加邮轮旅游的游客几乎全部结伴而行，将近 4/5 的游客是与配偶一同出游的，大约 1/3 的游客是带小孩出行。团队游客、蜜月游客同样也是邮轮旅游者中的主力军。

邮轮旅游属于西方发达国家的中高端旅游消费产品。邮轮旅游宽松闲适、活动空间相对固定，家庭、亲子、蜜月、朋友之间结伴同游成为邮轮游客的主要特征。

2. 根据邮轮旅游者的出游选择行为特征分析

根据出游的路线、出游目的、乘坐邮轮的舒适程度、出游的天数和费用等因素的不同，可以将消费者分为不同消费偏好的类型。

（1）度假型

度假型邮轮旅游者的旅行行程一般少于 7 天，更强调休闲的气氛，同时价格也普遍低于奖励型和豪华型邮轮旅行。

（2）奖励型

奖励型邮轮旅游者旅行的行程一般在 7 ～ 14 天，富裕消费者和老年人居多，通常价格也高于度假型邮轮旅行，更强调旅行的品质、舒适度以及目的地的选择。

（3）豪华型

豪华型邮轮旅游者旅行所使用的邮轮通常船体较小，有精致的住宿舱位和高标准的服务，因而价格也更为昂贵，同时旅行的目的地一般是那些充满人文气息和美丽风光的城市。

（4）目的地型

目的地型邮轮旅行并非区别以上 3 种邮轮旅行方式，而是包含在 3 种或在 3 种以上方式之中，有些旅游者只看重旅行目的地的选择，而对于邮轮的价格、服务的水准和行程的长短并非特别敏感。

四、我国邮轮旅游者的消费特征

1. 休闲型消费

我国旅游消费者出游动机比较集中，增长见识、放松身心、邮轮本身的魅力和邮轮高端消费给人们带来的精神满足是居民选择邮轮旅游的主要动机。我国市场中，年轻人结婚选择邮轮旅游度蜜月所占比例也较高，这是邮轮旅游营销和主题定位需要考虑的因素。

2. 假期型消费

我国假期集中、时间短（法定节假日多为三天左右，春节和国庆长假也不过七天），使得我国旅游消费者在选择邮轮旅游时不得不考虑时间成本。调查数据显示，如今我国邮轮旅游项目中最受欢迎的邮轮产品为 6 ～ 8 天，而在实际中，消费者选择 2 ～ 5 天的居多。

3. 短途低价型消费

如今我国邮轮母港航线均为 7 天以下的航程，绝大多数为 3 ～ 5 天的短途航线。36.3％的旅游者会选择东南亚航线，12.7％的旅游者会选择北美较偏远航线，42.7％的旅游者会选择国内和亚洲日韩航线，可见我国游客愿意接受长途邮轮航线的较少。选择邮轮旅游产品时，还是主要以低价位产品为主。另外，在 2014 年歌诗达邮轮和皇家加勒比游轮两家以中国大陆为母港运营的邮轮公司 130 个母港航次中，总包租航次大约为 13 ～ 18 次，占开航比例的 10％以上，可见企业公司和集团客户需求量大，需求集中度较高。

 拓展学习

组织学生实地走访当地旅行社或邮轮公司，调查邮轮旅游者的构成；采用问卷等方式调查旅游者对邮轮旅游的认知情况。

第二节　邮轮旅游的动机及消费障碍

有人把乘坐邮轮的感受用"愉悦"两个字概括，包括人与海、人与人、人与时间、人与各种休闲方式、人与所处的临时社区之间的愉悦感受。而且这种愉悦是如此独特，别的任何旅行方式都无法替代。当然，并不是所有旅游者都选择邮轮旅游，想一想，为什么有的旅游者选择邮轮旅游，而有的旅游者不选择邮轮旅游呢？

 知识内容

一、邮轮旅游的动机

旅游者参加邮轮旅游的动机较为复杂，有的游客仅仅是因为好奇，有的游客是为了省心省事，有的游客是由于旅游代理的推荐，有的游客是为了享受浪漫的海上度假……游客采用邮轮旅游可能来自以下几种认知和期望。

1. 邮轮旅游是一种省心省事的度假方式

人们在航行过程中只需搬运一次行李，免除了驾车和到处找旅馆或饭店的烦恼，可以最大限度地减少游客需要操心的杂事，因而能够最大限度地享受假期。

2. 邮轮旅游能够使人摆脱尘世的烦恼

登上邮轮，使游客彻底远离城市的喧嚣与繁忙，取而代之的是海阔天空、令人舒适的天然景观。

3. 邮轮旅游能够使人们享受从未体验到的豪华生活

一切几乎无法在现实中享受到的生活方式在邮轮旅游中却是最常见的。从邮轮的环境装饰，到服务体验、日常起居以及开展的各项娱乐、游玩和观光活动等，都以豪华、尊贵为目标，甚至以奢华为终极追求。

4. 邮轮旅游能够给予游客最充分的活动自由

大多数邮轮旅游都会为游客预先安排种类繁多的活动，游客在拥有广泛选择的同时还有充分的自由。游客可以毫无约束地在船上自由安排活动内容，比如，在甲板上晨练，在运动馆做瑜伽、跳健身操，在娱乐室上舞蹈课，在会议厅听健身讲座，在靠岸时游览胜地，甚至在客舱内睡上几天几夜等。虽然邮轮上的活动会因船舶和公司的不同而各异，但是都能够保证各类游客尽情地享受自己喜欢的旅游度假方式。

5. 邮轮旅游能够比普通旅游到达更为广阔的区域

邮轮旅游线路通常覆盖广泛的地域面积，所到之处必为游客感兴趣的景点。研究资料显示，有超过80%的游客将邮轮旅游视为能够游览更多度假胜地的最佳方式。而且，很多旅游景地的最佳游览方式也只能靠乘船来实现，如，阿拉斯加、加勒比海、地中海、印度尼西亚以及挪威海峡等地。

6. 邮轮旅游能够为交友提供更广泛的机会

邮轮旅游途中可以遇到很多新朋友，交往的机会也无处不在。正是由于游客们的相同爱好——选择同一条船、同一个航程和同一个目的地，因此彼此结下深厚的友谊。

7. 邮轮旅游能够带给游客浪漫的经历和感受

许多电影、戏剧、歌曲和书籍等都是以海上航行作为故事题材和背景的，从一个侧面说明邮轮旅游所蕴含的浪漫色彩。航行中的游客会很自然地有着同舟共济的潜意识，因而更容易友善相处。

8. 邮轮旅游能够使游客开阔眼界，增长见识

即使邮轮游客的目的只是为了享受休闲的好时光，但他们在旅途中也能够学到大量所游景点的有关知识。许多邮轮会在旅游行程中安排专家讲授相关课程，帮助游客更为全面地了解游览线路所经过之处的历史和文化。更有一些邮轮公司为了满足游客的特殊要求，特地将学习知识作为旅游大餐，精心打造这一特色产品。另外，有的邮轮公司还将探险与猎奇相结合，为游客提供以考察为主的邮轮旅游产品。

9. 邮轮旅游能够满足不同游客的各类需求

有些游客参加邮轮航行的目的未必是度假，很多公司包下整艘邮轮开展商务活动。据调查，每一个曾经参加过邮轮旅游的消费群体，包括与家属同游者、单身旅游的年老者、年少者、运动爱好者、知识渴求者以及各种组织成员等，都对邮轮旅游有着积极的评价。这是其他类型的旅游方式从未有过的。

10. 邮轮旅游具有强大的品牌宣传效应

邮轮旅游这一高档旅游形式凭借其日益凸显的强大品牌效应成为旅游市场热捧

的重点。同时，借助媒体的宣传，有过邮轮经历的人也将其作为"时髦"之事广为传播。有关研究表明，亲友、熟人的口碑宣传是吸引游客选择邮轮旅游的首要原因之一。在心理层面上，人们选择邮轮旅游的一个不可忽视的原因是此次经历可以成为他们日后"炫耀"的话题。

11. 邮轮旅游是一种比较安全的旅行方式

一般情况下，邮轮上有着严谨的管理制度和手段，任何异常情况都能被迅速地察觉到，游客在登、离邮轮时会受到严格的监控。而且，船上的构造特征和配有的安全装置能够保证船舶安全航行。

12. 邮轮旅游能够使游客体会到"物超所值"的感受

邮轮旅游是性价比最高的旅游方式之一。如果对参加邮轮旅游所获得的满足感和充实感与参加其他旅游所花费的费用进行比较，人们会明显发现邮轮旅游的价格相对便宜得多，很少有人事后对邮轮旅游的高消费感到后悔。

13. 邮轮旅游的"包价"方式能够使游客提前预知所有花费

邮轮旅游是一种真正将所有旅行费用明码实价一包到底的度假产品。因此，人们在决定邮轮旅游之前，就会清楚准确地计算其发生的全部费用。这是其他类型的旅行方式很少做到的。例如，一个家庭在做一般旅游的预算时会计算机票、住宿和租车的费用，但却很难预知食品、饮料以及娱乐性消费等费用，而这些消费有时会使全程的费用超预算地大幅增加。

二、邮轮旅游的消费障碍

虽然邮轮旅游有着其他旅游方式不可超越的优势，但并不是所有的消费者在购买邮轮旅游产品时都不会心存疑虑。甚至有的消费者因为不了解邮轮旅游产品，而对邮轮旅游产生误解和偏见。

那么，常见的邮轮旅游消费障碍有哪些呢？

1. 邮轮旅游费用昂贵

通过对消费者的民意调查显示，这是购买邮轮旅游产品时的最大障碍。邮轮旅游产品大多是包价产品，旅游过程中的大部分费用全包含在内，那么标价就会很高，而且邮轮旅游产品要提前 3 ～ 6 个月预订。因此，消费者不习惯在出发前一次性购买整个旅游产品。

2. 邮轮旅游体验有限

在邮轮作为交通工具的时代，乘客们在船上做得最多的事情就是在船舱里睡觉，这在消费者心里留下了深刻印象。尽管现在邮轮旅游已经大不一样，船上丰富多彩的娱乐活动会让游客乐此不疲、尽情尽兴，但是绝大多数消费者对此还缺乏亲身体验。因而，邮轮旅游的独特方式尚需扩大宣传，加强推广力度。

3. 邮轮旅游适合老人

邮轮旅游产品是一种舒适、闲散的旅游产品，传统观念认为邮轮旅游这些特点更适合老年人。但随着邮轮公司产品的不断细化和丰富，越来越多的年轻人加入这个行列。参加邮轮旅游的游客各个年龄段都有，而且呈现出年轻化趋势。

4. 邮轮旅游规范正式

邮轮旅游在很大程度上是一种随意而轻松的旅行。但是，在某些远洋邮轮上的主餐厅吃晚餐时，的确有一定的着装规定。正式的礼服在高档豪华的邮轮旅游中更常见。这个特点容易使年轻的游客对于登船旅游踌躇不前。

5. 邮轮旅游港口停留时间短

过去的邮轮在港口停留时间极少超过12h，而游客参加邮轮旅游的目的之一就是要尽力体验沿途港口城市的历史文化、风土人情，这就造成游客在港口上岸参观游览的时间显得匆忙。目前，这个情况已经得到邮轮公司的关注和调整。为了满足那些希望增加港口停泊时间的游客，一些邮轮公司调整发航时间，增加在港口的停泊时间，或建造速度更快的邮轮，从而增加邮轮在港停留时间。

6. 邮轮旅游缺乏安全

"泰坦尼克"号等一系列的海上灾难给世人留下了太多的恐惧，不少游客对于选择邮轮远行望而却步。随着现代科学技术的发展，目前的邮轮均已配备了更加安全的管理系统，例如，更先进的雷达操作系统和救生设施等。船上尽管也发生过火灾，但火灾情况极为罕见且易于控制。

7. 邮轮旅游发生晕船

某些游客对车船的移动极易产生不适感。现代远洋邮轮的稳定仪及其他设计可使该问题降到最低程度。邮轮航线根据气候条件、季节等地理因素进行设置和调整，邮轮往往在特定的水域航行，产生颠簸的可能性较小，同时游客还可以通过服用晕船药等方法减轻症状。

8. 邮轮旅游受到约束

为了使成百上千的游客有效安全地活动，邮轮公司尽力使一切井井有条，需要进行系统组织与规范管理，而游客受到适当和适度的约束管理也是必然和必须的，邮轮的组织管理并非死板僵化，而是有着合理的人性化和自由度，因为邮轮公司也要追求服务质量和客户满意度。

9. 邮轮旅游空间狭小

相对于岸上的酒店而言，邮轮客房以及公共空间总体相对狭小，尤其是内舱房，空间更加狭小。这是因为邮轮本身客观条件和目标追求决定了邮轮的空间没法像陆地上的酒店一样宽松充裕。邮轮产品销售者可以引导消费者转化思路，比如，推荐活动空间较大的游轮、推荐外侧客房或带阳台房间、推荐价格更高的客房或套房，强调邮轮是大的流动度假地，游客主要在各处游玩，不是所有时间都局限在客房里，可以降低游客对客房的关注和要求。

10. 到达港口的飞行路程太远

这是住在内陆地区的人们在决定是否预订邮轮船票时提出的问题。邮轮产品销售者要让他们认识到为了邮轮旅游的美妙体验，一切都是值得的，或者推荐较近一些的港口目的地，这样就会需要较少的飞行时间和转程时间。

总之，参加邮轮的理由有很多，不参加邮轮旅游的理由也有很多。使游客满意的关键是：要让每个人选对合适的旅程，乘坐合适的邮轮，到合适的地方去。

当游客的个性与所选的邮轮旅游产品相符时，游客持有的所有不同意见都会随之消失。

 拓展学习

　　组织学生实地走访当地旅行社或邮轮公司，调查邮轮旅游者的旅游动机；采用问卷等方式调查旅游者为何不选择邮轮旅游的原因。

第三节　邮轮旅游流程

M6-2　邮轮旅游基本流程

学习引导

　　邮轮旅游是一种全新概念的旅游，相比传统的出国旅游大包小包地扛行李、买车票、赶飞机，邮轮旅游更舒适轻松，不仅节省了路途辗转的时间，避免搬行李这样的苦活累活，还可以到达常规陆上旅游不能到达的目的地。那么，为了更好地享受邮轮旅游，在开启邮轮旅游之前，需要提前做好功课，熟悉邮轮旅游中的相关知识和注意事项。这样，才不至于陷于茫然无措的尴尬境地。

 知识内容

　　邮轮旅游基本流程如下：

一、护照办理

　　如果在国内近海旅游就不需要办理护照，但是目前市场上一般的邮轮都是国际航线，乘坐国际邮轮出游就是出国，所以首先需要办理的证件是护照和签证。护照办理很简单，在户口所在地或工作地的出入境大厅办理。

　　护照办理流程（案例）：

　　① 照相：自己提前照或在办理地点照均可，不过很多出入境大厅要求在其指定的照相地点照才予以办理；

　　② 填表：在出入境官网下载或在出入境大厅领取《中国公民出入境证件申请表》，按要求填写；

　　③ 缴费：在出入境大厅柜台缴费，缴费后收到收据及回执；

　　④ 领护照：10～15个工作日即可领取，若选择邮寄领取，一般会延长3天左右。

二、签证办理

　　签证（visa）是指一国主权机关在本国或外国公民所持的护照或其他旅行证件上的签注、盖印，以表示允许其出入本国国境或经过国境的手续。签证一般签注在护照上（在护照内页上加盖签章或粘贴标签），也有签注在其他旅行证件上的，如美国和加拿大的移民签证是一张 A4 纸。签证一般要与护照同时使用才有效力。

拿到护照后就可以办理签证了。各国的签证情况不太一致，要准备的材料和收费也不同。旅游签证主要有两种类型：团体签证和个人签证，区别就是在停靠港口上岸期间，如果是跟着团队游玩，则只需要办理团体签；若想自由行，则可以办理个人签。个人签要比团体签麻烦，需要的时间和费用也有差异。

虽然各国签证中心对申请签证所需材料不尽相同，但总结起来签证所需材料有三个部分：

① 身份证明材料：身份证、户口簿、护照、照片等；

② 资产证明材料：银行存款、工资单、对账单、车本、房本等；

③ 在职证明材料：中外文在职、职务及准假证明、公司营业执照等。

材料准备完以后，除了美国签证需要面签外，大多通过签证中心递签就可以了，多半不强制面签。

因国家和签证类型不同，签证办理时间从 3 ～ 30 天不等。

三、选择邮轮

护照和签证办完以后，就要选择邮轮了，邮轮的选择对旅行体验至关重要，首先要了解其内部详细信息，了解的内容包括：邮轮的特色、客房类型及价位、基本设施、娱乐服务及餐饮服务、邮轮航线的停靠港口及景点等。最关键的就是要选对船型、选对航线，根据自己的实际情况和爱好来选择适合自己的邮轮。

四、订票

选好邮轮后就可以订购船票了，在邮轮公司的官网上直接预订最方便，除了嘉年华邮轮和精致邮轮等，大部分邮轮公司都有中文网站。也可以在国内旅游网站挑选全球邮轮公司的船票，相关的路线以及签证服务都较为完善。还可以联系邮轮公司在中国的合作旅行社进行购票。

要注意，船票往往不等于一次邮轮旅游的所有花费。换言之，船票一般只是全程邮轮旅游费用中的一部分。

邮轮旅游费用基本构成：

① 邮轮船票：包含船上住宿、餐饮（付费餐厅除外）、剧场表演、健身、免费娱乐设施等费用。酒吧、免税店等个人消费不含在内。

② 港务费：类似于机票的机场建设费，是交给邮轮各停靠港的费用。此项费用无论乘客年龄大小，以人数计算，都得全额支付。

③ 邮轮服务小费：按照国际习惯，在享受船上优质的服务之后，须支付一定小费。邮轮上小费以每人每天计（18 岁以下小朋友有折扣），不同的邮轮公司，小费金额有所不同。一般由客人自行在船上支付，旅行社不收取。

④ 岸上观光费：一般有三种方式——购买邮轮上岸上游、国内提前购买旅行社岸上游、自由行（在签证允许的情况下）。

⑤ 签证及领队费：旅行社为旅客办理签证及安排领队收取的费用。

在游客拿到一份邮轮报价时，首先要清楚以上项目是否包含其中，哪些未包含，未包含的费用大概多少。这样才能对可能产生的费用心中有数。

例如，某邮轮公司销售船票的另外提示："登船后还需要支付邮轮服务费，邮轮服务费以每人每晚计费，高级套房以下房型（银卡套房及普通房型）每人每晚 14.5 美元，高级套房及以上房型（金卡套房）每人每晚 17.5 美元。船上服务费直接计入每位客人的船卡消费账单中，下船前，船方统一在您与船卡绑定的信用卡中自动扣除。"

五、行李准备

订好票以后就开始准备行李了，邮轮旅行一般时间较长，有些必备的行李需要带上邮轮。需要携带的行李大致可以分为：证件钱物类、穿着类和日常用品类。一般邮轮登船规定可携带行李的最大重量为 30 ～ 90kg，具体重量请参考相关邮轮的规定。其中必要的证件需随身携带。由于大型邮轮对游客的穿着也有一定的要求，比如，船长欢迎晚宴上需着正装出席等，所以这一项也是需要提前做好准备的。日用品较为琐碎，可根据自己的实际需要携带。

以下列举登轮需要携带的主要常见物品：

① 护照（原件 / 复印件，有效签证）+ 港澳台通行证，身份证，个人证件照电子版。

② 登船卡。

③ 穿戴用品：日常服装，晚宴装、鞋子、泳衣、太阳镜 / 帽、保暖帽（冬）等。

④ 信用卡或储蓄卡（银联 /VISA/MASTER）。

⑤ 出团通知书和产品确认单。

⑥ 拉杆箱，双肩背包（出行方便）。

⑦ 贴身小包 / 钱包（房卡需随身携带）。

⑧ 洗护用品。

⑨ 电子设备，摄影设备，充电器等。

⑩ 若携带孩子：孩子证件、餐具、玩具、洗护用品、衣物、奶瓶、童车等特殊用品。

另外，也要注意，邮轮也有禁止携带某些物品，主要包括：

① 出入境普遍禁止携带的物品：各种武器、仿真武器；伪造货币；对中国政治、经济、文化、道德有害的印刷品、胶卷、照片、唱片、影片、录音带、录像带等；毒品、毒药；动物、植物、种子、繁殖材料；文物。

② 限制携带的物品：管制刀具，贵金属，生物、微生物、血液及其制品；其他等物品。若因特殊需求一定要携带，需要向海关申报并获得审批。

③ 各类食品及饮料：肉类、禽类、水果、密封罐装及盒装食品、碳酸饮料、矿泉水、茶水、牛奶、酸奶、果汁、酒类等，任何酒精或非酒精性饮料（在码头或船上商店购买的酒精性饮料将会交予船方保管并在航行最后一天送至客人房间）。部分允许携带的食品：密封包装的干货——薯片、蛋糕、饼干、曲奇等。

六、登船

一切准备就绪就可以登船，可以提前一天来到邮轮对应的出发母港城市，国外出发的需搭乘国际航班到国外出发母港城市（一般通过国内旅行社购票的已包含国际往返机票的费用）。自助游的，在规定时间内持有效护照、船票等到边检大厅办理相关出境手续、领取房卡以及进行安检。如果是组团游，需要在规定的时间内集合，向领队领取登船文件，包括：护照及复印件、行李条、团号牌等，在码头大厅中的柜台办理信用卡与房卡的绑定，紧接着凭借房卡及其相关证件过安检和海关，之后配合工作人员拍照。

一般邮轮登船流程：

① 提前到达：须提前 3h 到达指定码头，要求在开航前一小时内全部登船完毕，所有迟到乘客将无法登船；

② 行李托运：填写行李牌，船方会按照所填信息将行李送至对应的客人房间，注意不要把登船需要的材料（船票、护照、签证等）放到行李中；

③ 办理登船手续：行李托运后，在码头服务中心办理相关手续，之后将收到邮轮船卡，船上所有消费及信息识别都与此卡相关联，需妥善保管；

④ 过海关，交护照：过边防、海关查验护照，并且进行安检拍照，上船之后工作人员将暂为保管护照，同时将有服务生带领游客去对应的舱房；

⑤ 救生演练：在起航前 1h 会安排紧急救生演习。

七、上岸游览

邮轮一般在夜里行驶，到了停靠港口乘客就可以上岸观光了。不同的港口城市各有特色。以日本为例，上岸之后可以选择的旅游方式很多，如，民俗美食游、文化观光游及休闲购物游等。在欧洲，则可以参观历史文物古迹、博物馆、徒步冰川等。总之，各种岸上活动可以给游客不一样的体验。

八、离船

邮轮离船流程一般为：

1. 领取护照和核对账单

请留意船上领取护照的通知，一般在离船前一天；同时离船前一天，船方会将消费账单投递至房间，如核对有误则需前往服务台咨询处理。

2. 办理行李托运

在离船前一天将行李条贴到行李箱上，并放置在房间门外。行李条可向领队或服务台领取。也可以不办理托运，游客自行携带下船。护照等贵重物品请务必随身携带。

3. 凭船卡离船

离船当天船上自助餐厅同样开放，可在用餐后下船。

4. 领取托运行李

下船后，在码头大厅处领取自己的行李。通过安检与海关检查后，此次旅途结束。

M6-3　邮轮旅游须知

💡 延伸阅读 ....

邮轮旅游须知

1. 语言

邮轮是个国际化的社区，作为一名中国游客首先遇到的往往是语言障碍。在亚太地区的邮轮上语言沟通可能不太成问题，但在北美和欧洲地区的邮轮上这个问题可能就会更加突出，因为邮轮上的各种标志和人们用的交际语言大多是英语。为此，如果参加欧美地区的邮轮旅游，英语不好或一窍不通的游客就必须做好应对语言不通的准备，如准备一些中英文对照的小纸条，在需的时候以备急用，避免在邮轮上寸步难行。

2. 签证

游客在出发或选择线路前一定要咨询旅行社关于签证的问题。通常中国公民护照需要每个目的地的签证，如果途经几个国家，便要到这些国家使馆进行签证（如果是欧洲申请签证国家，只签其一即可），这是一件费时间的事情。因此游客要根据行程提早安排，以免因为签证耽误假期，具体可咨询代理邮轮票务的旅行社。

3. 货币

邮轮上统一使用消费卡，并以美元汇率结算。消费卡与消费者的国际信用卡连在一起，登船时邮轮公司会要求消费者签一份委托书，以实现消费卡与国际信用卡的联动。需要提醒的是，如果需要上岸消费，则最好在船上兑换当地的小额货币，回来后还可以将没用完的货币再兑换回来。

4. 价格

不同季节船票价格不同，淡季比旺季便宜，人多比人少便宜，还有，不同舱位之间的价格差距也很大。所以要想知道具体价格，还是选好航线、时间，确定舱位和出行人数后再具体咨询。

5. 随身物品

随身物品中放在第一位的肯定是带有效签证的护照（如果要路过中国香港和中国澳门，则还要有港澳通行证和有效签注）。几套舒适轻便的衣服、适于行走的鞋子都要带上。通常来说，夏天乘邮轮的概率更大，所以泳衣、太阳镜、遮阳帽、防晒霜一样都不能少。当然，还可能需要一套正装，因为高级别的邮轮通常都会举办船长晚宴。

另外还需要保留好邮轮登船卡，上面显示着游客搭乘的邮轮名称、邮轮出发日期、英文姓名、用餐餐厅名称、用餐批次、餐桌号码、船舱号码及旅客记账代号等，这张邮轮登船卡是游客的识别证，在登船、下船和就餐等时候都会用到。

6. 船上和船下的游览

邮轮上的享乐项目很多，从各国美食到各种运动等都会让人不亦乐乎。邮轮的岸上游览项目自助性都很强，游客在规定时间之内可以尽情去体验。但如果到了陌生的地方，游客也不用太担心，邮轮会为游客提供相应的服务，比如从邮轮到景点的交通、游览指导等。邮轮为旅客设计的一日游的收费通常不高，还能保证岸上旅程的顺利和安全，但是下船游览的时候，遵守时间最重要。

7. 随行儿童

大部分的邮轮公司都欢迎儿童的光临。几乎每艘大型邮轮上都有小朋友的乐园，有穿着各式卡通服装的服务人员，他们都经过专门培训，不用担心孩子在这里无人照顾。乐园里有各种游乐设施，服务人员还会带着小朋友做手工、学习科普知识等。

8. 特殊年龄段要求

几乎所有邮轮公司对游客的年龄都有些特殊要求。如：有的邮轮公司要求每个舱位里至少有一位游客年满18岁；有的要求舱房内的所有游客必须年满18岁，如果有小于18岁的游客，则舱房内的其他游客必须年满21岁；有的要求每个舱房内至少有一名游客年满21岁；有的要求每个舱房内的所有游客都必须年满21岁，如果有小于 21 岁的游客，则其他游客必须年满 25 岁。对自己要购买的邮轮旅游产品所属公司的这些不同要求，游客一定要弄清楚。

9. 含有酒精饮料的消费

有的邮轮公司允许年满 18 岁的游客消费任何他们自己选择的含有酒精的饮料，有的邮轮公司则规定喝酒的最低年龄限制是 21 岁。但如果邮轮是从欧洲或南美洲国家出发，在这些国家喝酒的合法年龄一般都低于 21 岁，那么带有年龄在 18 ~ 20 岁的儿女的父母可能要签署一份条约，才能允许孩子喝酒。

10. 至少提前 15 天预订邮轮舱位

邮轮出发有固定船期，收客满额即止，因此越早预订，舱位和航次的选择空间越大，且可获得早订优惠。考虑到需办理出境签证，建议提早 2 个月抢位，最少提前 15 天预订。

11. 购买旅游保险

邮轮旅游要购买个人旅游意外保险或境外邮轮旅游意外保险，在购买船票时要确认该船票价格是否包含个人保险，如果没有，游客就要自己提前购买。

12. 关于邮轮上网

邮轮上上网基本上都需要另外付费，资费比较贵。当然也有的邮轮将该项费用包含在船票里。邮轮上的 Wi-Fi 资费以分 / 美金结算，租一个环球漫游 Wi-Fi，网速很快，随时随地可上网。

13. 关于吸烟

邮轮上，除甲板指定区域、赌场可以吸烟外，私人阳台及任何室内场所均禁止吸烟。

14. 其他要求

其他要求跟邮轮所到达的国家有关。一些国家在办签证的时候就要求注射疫苗等，游客在上船前要仔细留意这些问题，避免上船后有麻烦。

 拓展学习

报名参加一次邮轮旅游，更直观地了解邮轮旅游的整个流程。

第四节　邮轮礼仪

学习引导

M6-4 邮轮礼仪

随着旅游业的发展，乘坐邮轮出境游的人会越来越多，其实，海外邮轮是很典型的一个"国际小社会"，遵守秩序、轻声交谈、礼貌用语、衣着规范并不是哪一国的习惯，而是国际社会公认的起码的社交修养，也是一个游客文明素质的具体体现。在邮轮这样典型的"国际小社会"中，应该注意哪些礼仪呢？

据了解，一些旅行社和邮轮公司也会在游客预订之后或出发之前介绍一些注

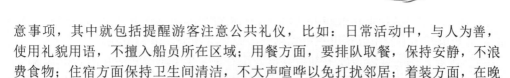
意事项，其中就包括提醒游客注意公共礼仪，比如：日常活动中，与人为善，使用礼貌用语，不擅入船员所在区域；用餐方面，要排队取餐，保持安静，不浪费食物；住宿方面保持卫生间清洁，不大声喧哗以免打扰邻居；着装方面，在晚宴、舞会、运动场所等不同场合要遵守着装的礼仪规范等。

 知识内容

邮轮上的游客来自世界各个角落。那么，邮轮有哪些基本礼仪呢？

一、一般礼仪

① 微笑：船内与人同搭电梯或出入与人擦身而过时，最好保持微笑并打招呼，以展现应有的礼仪风范。

② 排队：上下船舶、参加活动、进出餐厅，尤其是在自助餐台轮流取食时，应耐心排队等候。

③ 同桌：邮轮餐厅座次的安排通常会以混合编组方式，将熟悉与不熟悉的游客随机同桌，以增加旅客结交各国新友的机会，如遇态度粗鲁或不投缘游客同桌时，也可要求换桌。

④ 拍照：船上附设"照相馆"摄影师，其在游客登轮或欢迎晚宴时，都会帮游客拍照、冲洗并陈列于照相馆内，供游客自由选购，并不勉强购买。游客可以大方接受拍照，这也是一种基本礼貌。

⑤ 观剧：观赏表演时，因邮轮无预先订位，不宜帮人占位。如果岸上游程太过劳累，游客千万不要坐在前排，因为哈欠连连会影响演艺人员的情绪。由于版权问题，表演时严禁摄像或拍照。

⑥ 宿舍：船上如有标示"crew quarter"（船员宿舍）或"crew only"（船员专区）的场所，游客勿擅入以免打扰乘组人员休息。

⑦ 访客：邮轮严格禁止闲杂人等无故登轮，即使是船员和游客的至亲好友，通常亦在禁止之列。

⑧ 电话：船上皆备有卫星通信，收费比较昂贵。个人电话在靠岸、近海或内海航行时，进行国际漫游通话一般无碍。

⑨ 小费：除非部分邮轮公司规定小费收费标准并直接入账，或干脆规定不收小费，一般在邮轮旅游时都是要给小费的，小费是对服务人员工作的肯定与犒赏。小费是大多数殷勤服务的乘组船员的薪资来源。通常每一航次结束前一天，游客即会收到船方发给的小费信封，一般惯例是按8～10美元/天，按照客房服务生3美元/天、餐厅领班1～2美元/天、餐桌服务生3美元/天、餐桌助理服务生1～2美元/天等比例分配。

二、住宿舱房礼仪

① 财物：严守"财不露白"的原则，除船上消费一律于登轮时以信用卡登记为全程消费方式外，其余时段应将个人的证照、贵重财物锁入客舱内个人保险箱中，确保安全。

② 卫生：一般邮轮设置的卫生设备通常采用与客运飞机相同规格的强力抽吸式消毒卫生系统，千万不可将卫生纸以外的异物投入马桶，以免造成阻塞。

③ 洗衣：船上客舱甲板大都附设自助洗衣机、烘干机及熨烫设备，供游客付费或免费使用。如自行于房内洗衣，切记只能将湿衣挂于浴室内的吊衣绳上，千万不可四处披挂于床铺、桌椅甚至可能引发火警危险的床头柜灯罩上。

④ 善邻：请勿高声喧哗，以免影响邻居安宁。相对地，如果遇有吵闹不宁之恶邻，亦可通知船方要求换房。

三、着装礼仪

一艘邮轮，浓缩了不下十个生活场景。从歌剧院到甲板沙滩椅、从休闲自助餐厅到船长晚宴，如果游客总是一身衬衫长裤，那可就辜负了邮轮上的美景。在对的场合穿上对的衣服，不但能让自己在人群中落落大方，还能留下最特别的邮轮旅行影像纪念。

那么，邮轮主要有哪些着装礼仪呢？

1. 晚宴着装礼仪

邮轮游客每晚享用晚宴前，船方都会提前提醒游客应如何穿着以符合礼仪惯例规定，一般称之为服装穿着标准。旅途中合宜大方的衣饰穿着表现，除了使游客不至于在国际社交场合失礼之外，亦可增加邮轮旅游漫漫航程中的旅途乐趣。较为常见的晚宴穿着礼仪有如下三种。

① 正式服装：传统上男性须穿着燕尾服参加宴会，但如今已不再如此讲究。现在仅要求男士穿着深色西装外套，配以浅色衬衫、蝴蝶结或深色领带。女士则以穿着连身一件式西式晚礼服或中式长旗袍为宜。至于鞋子，男士以黑色或深咖啡色皮鞋，女士以穿着高跟鞋为宜。

男士西装依纽扣形式排列，有单排扣和双排扣之分。单排扣西装多为三件式，即搭配一件背心（近年来已不一定要穿背心）、衬衫及领带。至于双排扣西装则不必搭配背心，但应扣上扣子及暗扣。西裤则尽可能与西装同一色系，以突显穿着的权威感。

所谓女士的"连身一件式"晚礼服，亦称晚宴服，一般为低胸、无袖、露背、拖地的样式，再搭配炫目耀眼的饰物，极尽争奇斗艳，也是邮轮旅游的一道亮丽风景。

② 半正式服装：邮轮公司为顾及游客的方便，目前已较少要求正式穿着，半正式服装的规定反而较为常见。一般仅要求男士穿着西装、西裤、衬衫，打（或不打）领带。女士则以穿着过膝裙配上西装外套的套装为宜。至于鞋子，则男性以穿着黑色或深咖啡色皮鞋，女性以短跟鞋为宜。

男士穿着无论是单排扣或双排扣西装时，除了坐下用餐为求舒适可解开扣子之外，均应随时扣上扣子以示庄重。

③ 轻便服装：穿着尽量轻松，西装、套装全免。建议男士穿着运动服饰、休闲裤，女士穿着休闲裤装即可。至于鞋子，除了拖鞋不宜外，休闲鞋甚至于球鞋都不失礼数。

2. 其他着装礼仪

① 游泳：前往游泳池游泳或在喷射按摩池泡汤时，须先回客舱房间内换穿泳装，在前往泳池的途中应披上外衣，以免有失礼数。回房前，则应于泳池旁的更衣室换装完毕，绝不可全身湿淋淋地四处走动。

② 舞会：参加船上所举办的鸡尾酒会或舞会活动时，除迪斯科舞会可以穿着便装外，其余场合仍宜以半正式服装出席为佳。

③ 看戏：观赏表演时，因邮轮大都有分批、分别用餐或观剧的规定，故穿着礼仪完全比照晚宴服装规定即可。例如，若当晚规定穿着轻便服装赴宴，则以便装进入剧场观赏表演即可。

④ 其他：无论何时何处，均不宜穿着睡衣、拖鞋、热裤甚至打赤膊出入公共场所。

拓展学习

通过互联网搜索图片、视频，了解邮轮礼仪的更多内容，比较邮轮礼仪与酒店礼仪的异同。

第五节　邮轮就餐环境及餐饮服务

学习引导

在邮轮上享受美食、美酒以及好友相伴是最惬意的时光，无论在传统邮轮上还是在现代邮轮上，都是如此。食物是邮轮产品的重要组成部分，对于绝大多数游客来说，船票价格已经包括了邮轮上的饮食费用，当然也有例外，如额外收费餐厅。但总体上看，就餐体验的内在性质和客人的高期望是一个重要问题。大多数邮轮品牌试图通过食物供应和就餐选择来使自己与众不同。

M6-5　邮轮
餐饮服务

知识内容

邮轮是重要的海上旅游目的地，餐饮服务是邮轮对客服务的重要组成部分，对于提升游客体验、游客满意度及推动口碑传播具有重要的作用。

一、邮轮就餐环境

邮轮餐饮服务主要是邮轮公司为游客提供的环境、餐食及相关服务的总称，主要包含邮轮公司为游客提供的就餐环境、各式各样的中西方美食以及服务人员提供的服务等。

邮轮上的餐厅大致可以分为免费餐厅、收费餐厅。每艘邮轮都会有免费餐厅，不想另外花钱，免费餐厅完全可以满足；而收费餐厅有不同的收费方式，价格也并不离谱。

1. 免费餐厅

免费餐厅分为主餐厅、自助餐厅及小吃店。

主餐厅：主餐厅是较为正式的社交场合，一般由穿着较为正式的服务员提供服务，要求游客着装较为正式。邮轮一般提供 1～3 个主餐厅，吨位较大的高端邮轮提供 4～5 个主餐厅，如"海洋量子"号、"蓝宝石公主"号等。主餐厅一般采用正式的三道式菜单，主要包含前菜、主菜、甜品等三道，可以自己点餐自行搭配。饮料方面一般只提供柠檬水，酒类则需要额外付费。

自助餐厅：主餐厅规定了严格的就餐时间，自助餐厅则不同，可以从早开到晚，随进随吃，凌晨也有夜宵时段，但在非餐饮时段提供的产品数量较少。自助餐厅提供水果、西方美食、中式美食、甜品、饮料等品类非常齐全的餐饮食物。

自助免费餐厅可以满足邮轮游客的基本需求，是体现邮轮旅游性价比的重要方面。一般而言，自助免费餐厅已经可以满足绝大部分消费群体的就餐需求，邮轮公司也并不因为是自助免费而降低服务标准，游客依然能够享受到较高水平的服务。

小吃店：在部分邮轮上，除了主餐厅、自助餐厅，还有免费小吃店可以享用。一般提供比萨、热狗、面条等美食，可以作为正餐的补充。

2. 收费餐厅

与免费餐厅相比，收费餐厅一方面人会少很多，用餐环境好；另一方面，食物的质量会更好、更丰富。

收费餐厅有两种收费方式。一种是按人头收费，邮轮上吃一顿收费餐厅，每人大致需要 25～30 美元。以"新世纪"号邮轮的巴黎餐厅为例，在这里游客可以品尝到香煎扇贝、黄油龙虾、法式香烤深海鲈鱼菲力、羊奶芝士焗烤榛果醋、香料羊排、多纳泰拉冰淇淋、黄金象牙塔等美食。不仅如此，还提供法式餐边服务。

另外一种是按菜单收费，点多少付多少，"赛琳娜"号上的日本料理餐厅、"海洋量子"号上的功夫熊猫面馆、"新世纪"号的不夜城食肆、"蓝宝石公主"号的龙虾烧烤餐厅等，都是采用这种收费方式。

总的来说，邮轮上的餐厅可以满足不同人的需求，不想花钱有免费餐厅可以享用，想体验更好的用餐水准则有收费餐厅可以选择。

二、邮轮餐饮服务

邮轮餐饮服务包括主餐厅服务、自助餐厅服务和酒吧服务三个部分。

1. 主餐厅服务

（1）主餐厅的服务礼仪规范

邮轮主餐厅以西式正餐为主，配备的都是西式正餐的器具，包含刀叉、玻璃水杯等，有时会播放一些轻快的音乐。主要提供的服务包括餐前服务、餐间服务及酒水服务等几个方面。

在餐前，服务员要以规范、合理的速度引导游客就座。在游客点餐时，服务员要选择合理的站位，恭敬地向游客呈递菜单。服务员向游客推介餐饮时，应尊重不同区域游客的饮食习惯，并询问游客有无忌口，尤其是在游客点牛排时征求游客对生熟程度的要求。在就餐过程服务方面，服务员要及时观察游客用餐的情况，上菜速度与游客就餐速度相当即可，并及时将游客用完的餐盘撤回。在酒水服务方面，服务员不可过分向游客推销酒品，在游客确认购买后，要先向游客展示所购酒品，经过游客的确认后方可打开。

（2）主餐厅餐饮安排

由于邮轮上游客数量众多，邮轮公司会事先安排好座位和就餐时间，并且游客可以提前预订座号和就餐批次。在西方，晚餐才是一天的正餐，因此主餐厅一般在晚餐时才提供点餐服务。主餐厅一般来说分批次用餐，基本会分成两个批次，第一批次为晚上5～6点，第二批次为晚上8～9点，游客需按自己船卡上标注的用餐时间前往用餐。当然，也有特例，如公主邮轮的"蓝宝石公主"号，由于餐厅容纳人数多，晚餐时间可以自由入座。

此外，礼节和着装也是很多邮轮的特色，很多邮轮品牌倾向于为游客创造着正装的机会，以此加深游客的印象。邮轮游客在主餐厅享用晚宴时，邮轮公司都会预先提醒游客注意"服装穿着"。传统上，男士要求穿燕尾服，更多的时候穿着西装外套，配以衬衫、领带、黑色或深色皮鞋；女士穿着西式晚礼长裙，并配搭相应的配饰，正式晚宴上穿着牛仔裤、圆领衫是失礼的行为。

2. 自助餐厅服务

（1）邮轮自助餐特点

自助餐是游客自己动手，在餐厅事先布置好的餐台上任意选菜，自行取回到座位享用的自我服务的用餐形式。邮轮上自助餐的主要特点有以下几点：

① 就餐形式自由活泼。在主餐厅中由服务人员完成的服务项目，在自助餐厅由游客自己完成或餐厅只提供部分服务。这种就餐形式活泼，挑选性强，不拘礼节，被更多的邮轮游客接受。

② 员工操作简单快捷。自助餐厅餐桌摆设以及标准化区域都很简单，铺地毯的区域也相对较少，因此员工操作起来更加简便。

③ 菜肴设计丰富多彩。为使食物对游客产生足够的吸引力，自助餐厅使用一些设备来显示食物种类，表明食物处于适宜温度中。尽管一些普通食物类每天基本一致，但汤鱼肉等主要食物种类会根据行程计划而每天改变。食物种类的设计跟计划上所到的港口的烹饪特色是相呼应的。

（2）自助餐就餐礼仪规范

自助餐厅无限量供应美味的食物是邮轮旅游的特色和吸引力之一，但游客需要保持良好的就餐礼仪规范，做到不插队、不从相反方向排队、不边排队边吃、不混用食物钳等。

3. 酒吧服务

酒吧是邮轮上提供啤酒、葡萄酒、红酒、鸡尾酒等酒精类饮料的消费场所，表现形式有主题酒吧、酒廊、服务酒吧、多功能酒吧等多种类型。酒吧如同咖啡馆，自诞生以来就担负着社交的功能。一般要求酒吧服务员能够用英语为客人点单，将点单准确无误地送给收银员和调酒师，能够无误地为游客供应酒水，做好服务用具的盘点，例如：盘、咖啡碟、咖啡杯、刀、叉等。服务员应随时随刻观察游客的动态，以便提供准确、快捷的服务。

拓展学习

　　通过互联网搜索图片、视频，了解邮轮餐饮服务的更多内容；或报名参加一次邮轮旅游，更直观地感受邮轮餐饮服务。

第六节　邮轮客舱服务

M6-6　邮轮
客舱服务

 学习引导

　　客房部是邮轮重要的职能部门，它负责管理邮轮所有的客房事务，为宾客提供舒适、清洁的房间以及优良的服务产品。邮轮客房服务质量直接影响宾客对邮轮产品的满意度，是邮轮整体服务水准的重要保证。

知识内容

　　邮轮客舱服务是对已经预定邮轮客舱的旅游者，在其到达邮轮后为其提供干净整洁的客舱以及相应的热情周到的服务，使其圆满地完成出游目的。

一、客舱对客服务内容及规范

1. 客舱清扫

　　邮轮上的每间客舱都配有客舱服务员和助理客舱服务员，来负责日常的维护和清扫工作，以此保证客舱达到规定的卫生标准。邮轮客舱清扫的项目主要包括：

　　① 撤换布草。定时或根据游客需要及时撤换游客使用过的脏布草。

　　② 整理床铺。是客舱清扫的重要内容，应该做到美观整洁、方便舒适、高效快捷。绝大多数邮轮为游客提供开夜床服务，部分邮轮还为游客制作毛巾宠物，并且每天更换不同宠物花样，深受游客的喜爱和欢迎。

　　③ 清洁除尘。包括倒垃圾及废弃物品和清理卫生间等。应该做到眼睛看到的地方无污迹，手摸到的地方无灰尘，卫生间清洁无异味等。

　　④ 补充日耗品。适时适量对客舱日耗品进行补充，以方便客人使用。

　　邮轮客舱部一般制定"二进房"的操作程序，即白天客舱大清扫和晚间提供客舱开夜床服务。客舱清扫作业的标准时间是 25 ～ 30min，客舱服务员平均每天清扫客舱 14 ～ 16 间。对于不同的客舱状况，清扫的要求和程度也不同。住客房只需要进行一般性清扫，游客下船之后的走客房则需要进行彻底清扫。

2. 客舱洗衣

　　邮轮上一般都向客人提供洗衣服务。邮轮客舱放置有洗衣袋和洗衣单。游客若有需要洗涤的衣物，可以填写洗衣单放进洗衣袋，或要求服务员代填送至洗衣房，部分邮轮也有投币式自助洗衣设备。客舱服务员收到客人送洗的衣物时，必须仔细

检查有无破损、严重污点、褪色、不适合洗涤的，衣袋里有无东西、扣子有无脱落等。如有问题，必须向客人说明，在得到客人的最终授权后方可为客人提供洗涤服务。

送洗的衣物必须按质、按时、按要求如数交给客人。若有缺损，一般情况下应按洗衣单中关于赔偿的事项向客人进行赔偿。

3. 客舱送餐

客舱送餐是指应顾客要求将所点餐饮送至客舱的一种服务。在邮轮上，某些游客由于患病、会客等，会要求在客舱内用餐。在邮轮客舱内，有专门设计的客舱送餐服务餐牌，摆放在床头柜或写字台上，上面标明客舱送餐服务电话。另外，送餐时要使用保温、保暖和保持清洁卫生的用具。

提供客舱送餐服务时，要及时将客人用过的餐具和剩余食物撤出，一般在 1h 后，以免影响客舱内卫生和丢失餐具。

此外，为了方便游客在客舱内享用酒水和饮料，一些邮轮公司还会在客舱内配备小酒吧，存放一定数量的饮料和干果，并标明储存数量和价格，供游客自行取用。

4. 卫星电话

邮轮上的每间客舱都安装有卫星电话，船上还备有传真机可以接收、发送重要信息。卫星电话可以直接拨打全球各地电话，拨通后无论是否有人接听，即开始计费，收费标准由各邮轮公司制定；客舱之间拨打电话只需要直拨房间号码即可。此外，客舱电话还可以为游客提供自动电话叫早服务。

5. 数码客舱

随着现代信息技术的发展和网络的广泛应用，现代邮轮客舱为游客提供了便利的网络环境，游客可以在私人客舱内享受拨号上网乐趣或通过无线方式连通网络。此外，有些邮轮客舱中平板等数码产品的使用也使得现代客舱服务迈上一个新的台阶。

6. 物品租赁

游客在入住客舱期间，可以享受物品租赁服务。在邮轮客舱服务指南中都标明了可以借用的物品名称及借用方法。游客借用归还时需要办理借用和归还手续。游客下船之前，客舱服务员应通知客人归还借用的物品。

7. 贵重物品保管

邮轮客舱一般设有保险箱，游客如果携带有珠宝首饰、重要文件、手提电脑、现金、信用卡等贵重物品，一般应提醒游客放置于随身行李中保管，或者锁在邮轮客舱内的保险箱中。

二、客舱特殊客人服务

所谓特殊客人，包括 VIP 客人、生病客人以及残疾客人，他们是邮轮客人中不可忽视的人群，如何为特殊客人做好服务，是邮轮客舱服务中非常重要的内容。

那么，邮轮客舱特殊客人服务包含哪些内容？工作规范是什么呢？

1. 贵宾客人服务

在邮轮客舱日常接待服务中，对贵宾的服务是一项极为重要的工作，主要包括以下几个方面：

① 准备服务。在贵宾抵达邮轮之前，选派经验丰富的客舱服务员彻底清扫客舱，按照规格准备好各种物品，摆放船长问候信、迎宾鲜花及果篮等。同时，通过贵宾接待通知单全面了解贵宾的相关情况与需求细节，以便为其提供个性化的服务。

② 迎接服务。在贵宾抵达邮轮时，有专人负责为其办理登船手续和行李服务。比如，丽星邮轮公司为上将级的贵宾客人提供"黄地毯"登船服务，使用专属的贵宾通道登船。相应级别管理人员在登船口、廊桥迎接问候，并根据情况适当介绍、引领。

③ 入住期间服务。客舱服务人员应正确称呼和问候贵宾，根据所了解的情况为其提供各种针对性服务，并对贵宾在邮轮上的用餐、娱乐等各项活动进行跟进，为其提供各种便利。在邮轮靠岸期间，为贵宾提供相应的岸上观光指引。

④ 离船服务。贵宾离船时，客舱服务员应主动为贵宾提供行李服务，并迅速检查客舱。为了给贵宾提供周到完善的服务，绝大多数邮轮提供贴身管家服务，由专属邮轮管家对贵宾进行全程接待。

2. 生病客人服务

游客在海上邮轮旅游期间，可能会因不适应而突发疾病。如遇到游客在邮轮上生病，客舱服务员应给予其特殊照顾，并表现出同情、关怀和乐于助人的态度。病客服务的主要内容如下：

① 礼貌询问病情，提醒并陪同客人前往医务室就诊；

② 建议并协助客人与亲朋好友联系，推荐合适的饮食；

③ 将客人的病情及时上报上级管理人员；

④ 若有客人要求代买药品，婉拒并建议医务室就诊；

⑤ 遇病危客人应及时与邮轮上的医生联系；

⑥ 对客人住过的客舱彻底清洁消毒。

3. 残疾客人服务

在邮轮客舱服务中，应根据残疾客人行动不便以及生活自理能力差等特点，给予特别的照料。残疾客人服务的主要内容有：

① 客人抵达前。了解客人的姓名、残疾的表现、生活特点、有无家人陪同以及特殊要求等，做好相应的准备工作。

② 客人抵达后。问候客人并协助客人提拿物品、入住客舱；向客人介绍客舱内物品，帮助客人熟悉舱内的环境。

③ 客人入住期间。给予客人特殊照料，通过邮轮上其他部门的协作，提供让客人满意的服务等。

很多邮轮公司为一些残疾旅客提供完善的设施，例如，无障碍的轮椅房，轮椅房有轮椅通行卫生间。邮轮上几乎所有设施和场所的通道，轮椅都是可以无障碍通行的。

拓展学习

通过互联网搜索图片、视频，了解邮轮客舱服务的更多内容；或报名参加一次邮轮旅游，更直观地感受邮轮客舱服务；比较邮轮客舱服务与酒店客房服务的异同。

第七节　邮轮休闲娱乐服务

随着邮轮业的不断发展，人们对邮轮休闲娱乐的需求也越来越多，很多人也已经将休闲娱乐活动作为生活中必不可少的内容，有些客人甚至将享受邮轮上的娱乐服务作为邮轮旅行的首要目的。可见，休闲娱乐在邮轮上起着重要作用，亦成为邮轮业发展成功的关键条件之一。

知识内容

邮轮游客与其他游客不同，除了岸上观光外，大部分时间要待在船上。要解决漫长的时间问题，必须安排各种娱乐活动，让不同生活习惯的人都能找到自己感兴趣的娱乐活动。

一、邮轮休闲娱乐活动类型

邮轮上的休闲娱乐项目多种多样，任何不同层次的游客都能够找到适合自己的活动，比如：在剧院观看演出、在赌场消遣娱乐、在网络中心冲浪、在精品商店购物等。概括来讲，邮轮休闲娱乐活动大致分为以下几种类型。

M6-7　邮轮休闲娱乐活动

1. 运动健身类

此类活动是邮轮上最普遍的休闲娱乐活动，游泳池、篮球场、高尔夫球场、健身房、攀岩墙等为游客提供了很多的健身场所。运动型项目主要包括健身器械运动、游泳运动、球类运动、冒险性运动。

2. 娱乐活动类

邮轮上的娱乐项目丰富多彩，主要包括：歌舞类项目（歌舞厅、酒吧等）、游戏类项目（棋牌游戏）、视听阅览类项目（书报阅览）、表演类项目（歌舞表演、乐器演奏）等。现代邮轮还有很多创新性的娱乐活动，例如，旋转木马、水滑道、VR 虚拟现实过山车、碰碰车等。

3. 文化演出类

百老汇、拉斯维加斯式表演在欧美邮轮上都是经典，至今也通常是每晚大剧院的压轴。名人演讲、电影首映、歌舞剧表演、喜剧表演等在各种邮轮上屡见不鲜。

4. 艺术鉴赏类

在邮轮上也会举行艺术品拍卖、鉴赏名画等活动，游客也可以到岸上走访博物馆或者欣赏乐队的精彩演出。

5. 休闲购物类

在邮轮上普遍设有免税店，某些停靠港所在地的城市也有免税店（比如香港）。游客也可以上岸游览港口城市的商业街、商店等，享受购物的便利与乐趣。欧洲的很多港口城市常常是游客的购物天堂。

6. 岸上观光类

岸上观光是休闲旅游的一部分，也是游览众多著名城市或者特色海岛的机会。游客可以到岸上观赏自然景观、人文景观、历史文化遗迹等，体验人文风情和民族文化。

7. 保健服务类

邮轮上的保健服务项目主要包括：足疗、药浴、温泉浴、桑拿、按摩保健、美容、美发等。保健服务项目需要由受过专业训练并取得上岗资格证书的人员来提供服务，并要求保健类服务员做好个人卫生，用品、设施必须严格消毒，以保证顾客安全。

8. 探险活动类

常见的探险活动主要有：体验旷野与野外历险；感受神秘丛林以及星空帐篷；体验南极与北极的白色世界。为了让岸上观光活动别出心裁，一些邮轮公司还专门购买私人岛屿供游客嬉戏游玩。

绝大多数邮轮通过印刷内部资料来告知游客邮轮娱乐活动安排。游客登上邮轮以后，会收到邮轮每天的活动日志，比如，丽星邮轮上的《丽星导航》、歌诗达邮轮上的 *Today* 等。活动日志上详细列明了游客在邮轮上全天的活动安排，比如，各大餐厅开餐时间、剧院演出时间、邮轮演出时间等，同时还提供了各种岸上旅游线路信息，以及游客所需要的一切联系号码。

总之，邮轮上的休闲娱乐活动丰富多彩，无论是传统的项目还是当下热门的娱乐项目，应有尽有，可以满足不同游客休闲度假体验需求。

二、邮轮休闲娱乐主要设施和活动

1. 剧院

邮轮上的剧院是进行重要演出活动的场所，也是游客集中的区域，既可以用于应急演习，又可以作为岸上旅游的集合地点。通常每晚会有 2 ~ 3 场演出。表演活动是按照时间滚动进行的，这样的设计确保节目看起来新鲜、有趣和新颖。

邮轮上的剧院可以给游客带来梦幻的体验。迪士尼"魔力"号邮轮上的怀特迪士尼剧院拥有 977 个座位，12m 宽的舞台，可移动的背景，最新式的灯光以及音响系统，供游客观赏原版百老汇风格的迪士尼现场表演、迷人的迪士尼音乐剧以及最新的 3D 数字电影。

在怀特迪士尼剧院演出的剧目中，既有经典的灰姑娘的故事，又有和陆地影院同步的最新的迪士尼电影首映。服务人员会在演出开始前 **30min** 等候在剧院入口，协助游客找到各自的座位，对于残疾游客会有特定的轮椅观看区。在迪士尼"魔力"号主泳池的旁边是泳池剧院，巨大的 LED 显示屏可以用于播放新闻、体育赛事、音乐会以及首映电影。2004 年，美国公主邮轮的"加勒比公主"号邮轮首次引入了泳池剧场，其后在其他邮轮推广。公主邮轮给这种泳池剧场命名为"星空下的电影"。如果天气允许的话，游客可以躺在甲板上一边吃爆米花一边观看夜间电影。

2. 摄影

邮轮上的摄影师为游客提供摄影服务。从游客登上邮轮开始直至游客下船，摄影师们会出现在游客登船的舷梯、船长欢迎晚宴、泳池甲板区域等，为游客拍摄专业的具有纪念意义的照片，让游客留下美好的回忆。

很多邮轮公司通过数码技术合成一些照片，或将其制作成一些小型的纪念品，通过出售给游客来获取收益。冲洗出来的照片会在邮轮上的展示区展出，让游客看到这些照片并购买。

3. 青少年及儿童活动

乘坐邮轮旅游的游客中有很多人喜欢带着小孩，邮轮行程也非常适合全家人一起欢乐出游，除了适合大人的娱乐活动外，邮轮对于青少年和儿童的活动安排也很精彩。针对不同年龄段的孩子，邮轮上提供不同的活动项目。青少年可以欣赏音乐、电影和视频游戏，3 ～ 12 岁的儿童有专属的特色俱乐部，3 岁以下的幼童也会有专人进行照料。所有活动均在受过专门训练的辅导员或保育员的监督指导下进行，以确保孩子们安全、愉快。

4. 特许经营服务

特许经营服务作为一种商业经营模式，受到了很多邮轮公司和很多经营者的喜爱。一些邮轮品牌签约一些特许服务，允许一些知名的美容、发艺设计等品牌在邮轮上经营一些业务，并向邮轮公司支付一定的费用。这些经营者们拥有独立的财务核算，也可以雇佣自己的员工。邮轮公司既可以获得收益，又可以满足游客多种多样的需求。常见的一些特许经营项目包括：SPA、面部护理、发型设计、美甲、营养讲座等。

三、邮轮岸上观光服务

邮轮公司因多种原因提供岸上观光或旅游。很明显，这些活动对公司的收入有着重要的贡献。对于很多游客来说，这种旅游是不同文化背景下相对安全、便于组织和管理的旅游活动，或者说，这是体验一项活动的机会。由于有相关工作人员陪同或指导，这种旅游体验很受散客欢迎。

M6-8 邮轮
岸上观光服务

1. 岸上观光活动的方式

游客到达每个停靠港口一般会有四种选择：

① 通过邮轮公司或旅行社的组织进行上岸观光。

② 通过向码头或码头附近的旅游商购买岸上观光或某一岸上活动进行上岸观光。但这种方式可能存在两个问题：一是游客无法提前估计游览质量，二是游客游览返回码头延误的话，邮轮可能已经离开。

③ 游客自己游览港口及其附近的地方。

④ 选择待在邮轮上。

2. 岸上观光活动的种类

（1）观光及游览活动

游客可以在码头上乘坐大巴到达岸上风景名胜点，游览当地自然景观、历史文化遗迹等；乘坐水上交通工具去海岛上观光；乘坐水上飞机从空中游览；也可以步行游览城市的市容以及历史保护区等。

（2）体育活动

游客可以参加岸上及岛上高尔夫、网球、帆船、徒手潜水等体育活动。

（3）其他活动

游客还可以参加岸上的购物、娱乐活动，参观当地著名的博物馆、教堂等。

3. 良好岸上观光活动的构成因素

这个问题要视游客和邮轮公司而定。正如邮轮宣传册中所描述的，选择停靠港或目的地的原因是多种多样的，其中最重要的是目的地对游客的吸引力。邮轮公司通过提供游览活动从而吸引游客。在这里，游客的人口学特征发挥了作用：根据游客类型设计旅游活动。通过这种方式，老年游客、活跃的夫妇、年轻的单身男女等细分市场都会获得满足。

邮轮公司会努力开发能提升邮轮旅游和邮轮品牌形象的产品。游览活动必须提供一份符合邮轮时间表的行程。港口的旅行经营商确定的后勤服务必须与邮轮和游客的要求相协调。同时，旅行经营商也必须保证游客的健康和安全。邮轮公司的专业知识和经验，使他们很容易从旅行经营商那里了解游客期望从港口周边得到的东西，识别哪种游览为游客所喜欢且能得到游客最好的评价。

4. 岸上游览活动策划

邮轮公司及其代理商与港口的旅行经营商之间的沟通是极为重要的。旅行经营商与岸上旅游部门合作，设计岸上观光计划、编制旅游手册、规划资源。

制订计划要考虑的因素包括：邮轮乘客的数量和类型、在港口的停留时间、交通方式的便利性和质量、配备训练有素的导游等。在很多港口，邮轮旅游这种度假形式的发展引起了交通量的增大，因此到达港口的时间可能是利用资源、避免拥挤的重要因素。大多数邮轮公司的岸上观光都包含游客所喜好的选择。但是，如果存在过度拥挤和质量控制等问题，邮轮公司也不太可能将这样的港口列入其中。

 延伸阅读

邮轮岸上观光"十件事"

邮轮岸上观光是邮轮旅游的主要活动内容之一，大多数邮轮旅客在邮轮到达停泊港后，都会选择上岸观光或休闲购物，那么，邮轮岸上观光要注意哪些事项呢？主要有以下十件事。

一、了解情况

无论是自由行，还是跟团游，在开始岸上观光前，游客都需要了解一些基本的情况，特别是独自观光的游客要尤为注意。

① 清楚游客所在的位置，并对每个港口的周边情况有所了解；

② 对即将前往的国家的文化风俗要有一定的了解；

③ 检查自己的穿衣习惯，是否与当地现在的气候条件相适宜；

④ 了解一下当地使用哪国语言，如果当地使用的不是游客的母语，尝试着学习一些常用词或者短句。

二、安全意识

每个行程开始前，导游都会宣讲关于安全方面的注意事项，一定要认真听，如果有什么不清楚或者不了解的，一定要当场询问，忽视这些注意事项以及规则的话，就有可能导致自己或者他人受伤。这样做除了避免灾难性事故发生外，同时也是对危险的预警。游客不只是在听注意事项，更可以从听的过程中与导游、团友交流，获得一些旅游小技巧，以便更好地体验整个活动。

三、身份证件

带齐个人的身份证件，如船票、护照、签证等。

四、调整时差

出国旅游，时不时会遇到需要调整时差的时候，记得要根据船上播报或者船上日报，及时把时钟调整到相应时区的时间。

五、读清条款

"怎么吃、吃什么"也是人们在旅游时比较关注的大事之一，在岸上观光行程安排中，是否有品尝美食这些细节性的问题，游客都必须清楚，不然在游客饥肠辘辘的时候，却找不到食物，会是一件很痛苦的事情。

六、穿着打扮

岸上观光，穿什么不仅仅看天气如何，还要看上岸后参与什么样的活动。

如果是参加走路较多的活动，可以选择运动鞋，而非凉鞋、高跟鞋；可以穿戴护膝和护肩来保护自己的关节。

出门在外最好不要携带贵重物品，如果需要携带，一定要做好物品的保管工作。

七、必备物品

岸上观光意味着游客会暂时离开邮轮几个小时，所以需要提醒的是，在下船之前游客要确保把要带的东西都带上。比如防晒霜、防虫喷雾、简单药物等物品统一装在一个便携小包里，取用时比较方便。最好也带上抗生素软膏和绷带等医疗用品，以备不时之需。

八、带上现金

在岸上观光时，需要带上现金以备不时之需，尤其是对于喜欢购物的旅游者，带上一些现金是必要的。

九、准时归队

出门在外，游客总会有"付了钱就想尽可能地多玩一些地方"的想法，这是人之常情，但并不意味着游客就可以任着性子自己决定什么时候归队。如果导游只给了大家1小时游览的时间，那么游客要确保游玩、拍完照片后，还有剩余时间用于准时归队。准时归队是为了确保大家能够统一行动，没有人掉队，安全回归。

十、适可而止

如果在游览的过程中身体感觉不适，不想继续游览下去，千万不要勉强自己，要适可而止，超越极限可能会引起受伤，一定要第一时间与导游、领队以及团友反映，毕竟旅游事小健康事大。

拓展学习

通过互联网搜索图片、视频，了解邮轮休闲娱乐服务的更多内容；或报名参加一次邮轮旅游，更直观地感受邮轮的休闲娱乐服务。

思考练习

一、单项选择题

1. 关于护照，以下说法不正确的是：（　　　）。

A. 护照是一国公民出入本国国境和到国外旅行或居留时，由本国发给的一种证明该公民国籍和身份的合法证件

B. 护照是公民通过各国国际口岸的一种通行证明

C. 大多数游客参与邮轮旅游使用"因公普通护照"

D. 护照的有效期为"至邮轮行程结束日至少还有 6 个月"

2. 在邮轮码头大厅，游客不需要出示被检查的证件材料是：（　　　）。

A. 护照　　　　　　B. 签证　　　　　　C. 船票（登船证）D. 行李物品清单

3. 邮轮小费一般按（　　　）计算。

A. 每小时　　　　　B. 每天　　　　　　C. 每周　　　　　　D. 每月

4. 我国邮轮旅游项目中最受欢迎的邮轮产品为（　　　）。

A.3 ～ 4 天　　　　B.1 ～ 2 天　　　　C.10 ～ 15 天　　　D.6 ～ 8 天

5. 以下说法不正确的是（　　　）。

A. 至少提前 15 天预订邮轮舱位

B. 登船时游客所有随身物品都要过安检，游客要确保所携带的物品不是违禁物品

C. 要购买游客旅游保险

D. 所有邮轮上的游客上网和打电话完全免费

二、多项选择题

1. 在邮轮上，无论何时何处，游客均不宜（　　　　　）出入公共场所。

A. 穿着睡衣　　　　B. 穿着拖鞋　　　　C. 穿着热裤　　　　D. 光身

2. 邮轮上，自助餐厅的游客需要保持良好的就餐礼仪规范，做到（　　　　　）等。

A. 不插队、不从相反方向排队　　　　　　B. 不边排队边吃

C. 不混用食物钳　　　　　　　　　　　　D. 不争抢食物

3. 邮轮旅游价格的影响因素有：（　　　　　）。

A. 邮轮公司（品牌定位）　　　　　　　　B. 舱位情况

C. 季节　　　　　　　　　　　　　　　　D. 航线（范围、距离、航程天数）

4. 以下哪些属于岸上观光游览活动？（　　　　　）

A. 步行观赏岸上风景名胜　　　　　　　　B. 乘坐交通工具去海岛观光

C. 水上飞机从空中游览 　　　　　　　D. 到教堂、博物馆参观

5. 邮轮船票包含（　　　　　）等费用。

A. 船上住宿、免费娱乐设施 　　　　　B. 餐饮（付费餐厅除外）

C. 剧场表演 　　　　　　　　　　　　D. 健身

6. 通过邮轮旅游，人们可以（　　　　　）。

A. 观光、休闲、度假 　　　　　　　　B. 探亲访友

C. 医疗保健、购物 　　　　　　　　　D. 运动探险

7. 根据国际邮轮协会（CLIA）的一份研究报告显示，与非邮轮旅游者相比，邮轮旅游者主要有以下特点：（　　　　　）。

A. 高龄化 　　　　　　　　　　　　　B. 高学历

C. 高收入 　　　　　　　　　　　　　D. 退休人数占比较大

8. 邮轮客舱清扫的项目主要包括：（　　　　　）。

A. 撤换布草 　　　　B. 整理床铺 　　　　C. 清洁除尘 　　　　D. 补充日耗品

9. 邮轮休闲娱乐活动类型包括：（　　　　　）。

A. 运动健身类 　　　B. 文化演出类 　　　C. 艺术鉴赏类 　　　D. 休闲购物类

10. 邮轮的选择对旅行体验至关重要，首先要了解其内部详细信息，了解的内容一般包括：（　　　　　）等。

A. 邮轮的特色 　　　　　　　　　　　B. 客房类型及价位

C. 基本设施、娱乐服务及餐饮服务 　　D. 邮轮航线的停靠港口及景点

11. 吸引游客选择邮轮旅游的原因可能是（　　　　　）。

A. 电视广告 　　　　　　　　　　　　B. 亲友、熟人的口碑宣传

C. 促销活动 　　　　　　　　　　　　D. 旅行社推荐

12. 人们会进行邮轮旅游活动的前提条件有（　　　　　）。

A. 可自由支配收入 　　　　　　　　　B. 可自由支配时间

C. 身体安康舒适 　　　　　　　　　　D. 对邮轮旅游有兴趣、有意愿

13. 所谓特殊客人，包括（　　　　　），他们是邮轮客人中不可忽视的人群。

A.VIP 客人 　　　　B. 生病客人 　　　　C. 残疾客人 　　　　D. 年轻客人

14. 游客到达每个停靠港口一般会有以下几种选择：（　　　　　）。

A. 通过邮轮公司或旅行社上岸观光

B. 游客自己游览港口及其附近的地方

C. 通过码头或码头附近的旅游商购买岸上观光或某一岸上活动

D. 选择待在邮轮上

15. 出入境普遍禁止携带的物品有（　　　　　）。

A. 各种武器（枪支弹药等）和仿真武器，文物

B. 对国家政治、经济、文化、道德有害的印刷品、照片、影片等

C. 毒品、毒药

D. 动植物、种子、繁殖材料

三、判断题

1. 邮轮上的医疗服务是免费的。 　　　　　　　　　　　　　　　　　　　（　　　）

2. 邮轮上的赌场业务往往是进入公海后才开始运营的，因为沿海多数国家都有

禁赌的法律规定。　　　　　　　　　　　　　　　　　　　　　　（　　）

3. 邮轮对老年人、婴儿、孕妇等会有一些限制条件，而对酒精饮料和赌博没有年龄限制。　　　　　　　　　　　　　　　　　　　　　　　　（　　）

4. 签证（visa）是指一国主权机关在本国或外国公民所持的护照或其他旅行证件上的签注、盖印，以表示允许其出入本国国境或经过国境的手续。　　（　　）

5. 游客可以带家里自制的食品上邮轮。　　　　　　　　　　　　　（　　）

6. 邮轮旅游过程中，一般起讫港国家一定要签证，而有些国家由邮轮公司担保和政策许可，可以免签。　　　　　　　　　　　　　　　　　　（　　）

7. 特许经营服务单位需要向邮轮公司支付一定的费用。　　　　　　（　　）

8. 游客借用归还物品时，不需要办理手续。　　　　　　　　　　　（　　）

9. 邮轮严格禁止闲杂人等无故登轮，即使是船员和游客的亲戚朋友，通常亦在禁止之列。　　　　　　　　　　　　　　　　　　　　　　　　　（　　）

10. 根据国际邮轮旅游发展经验，当一个国家或地区人均GDP达到3000～5000美元时，邮轮旅游便会达到一个快速增长期。　　　　　　　　　　（　　）

11. 在邮轮上，某些游客由于患病、会客等，会要求在客舱内用餐。　（　　）

12. 从邮轮旅游统计数据来看，结伴旅游、团队旅游比独自旅游占有更高比例。　　　　　　　　　　　　　　　　　　　　　　　　　　　　　（　　）

13. 游客可以通过邮轮公司的官网、旅游类网站、旅行社等订购邮轮船票。　　　　　　　　　　　　　　　　　　　　　　　　　　　　　　（　　）

14. 邮轮上的儿童活动在受过专门训练的辅导员或保育员的监督指导下进行，以确保孩子们安全、愉快地玩耍。　　　　　　　　　　　　　　　（　　）

15. 游客登轮后，按规定必须亲自去参加救生演习，记住救生艇编号、紧急集合点、逃生路线、救生衣正确穿法等，提高安全保障。　　　　　　　（　　）

第七章　邮轮安全

 学习目标

☞ 知识目标

1.熟悉邮轮安全管理、卫生健康管理的方法和要求;

2.熟悉邮轮遇到各项危险的应对与处理方法:邮轮搁浅和碰撞,遭遇火灾、海难、病毒、霸船事件等该如何处理。

☞ 技能目标

1.条理清楚的逻辑分析与语言表达能力:能说出邮轮可能遭遇的危险;

2.会利用电脑(办公软件)和互联网,能总结出邮轮可能遭遇的各项危险及其原因,并进行案例分析。

☞ 素质目标

通过对邮轮安全管理的学习,融入质量安全的职业意识,人民至上、以人为本的价值追求。

第一节　邮轮的安全卫生管理

学习引导

随着国际邮轮业的迅猛发展,邮轮的安全卫生问题成为人们越来越关注的话题。尤其是 2020 年在全球暴发的新冠疫情,更是给邮轮安全卫生管理敲响了警钟。为了避免邮轮各种公共安全问题的发生,邮轮企业、主要邮轮国家等都在制定法律与法规,为邮轮业的发展保驾护航,捍卫着人们的生命、财产及环境等方面的安全。

 知识内容

一、邮轮安全管理

浩瀚无垠的大海总是变幻莫测,邮轮在大海中航行,存在着各种危害船体及人员安全的因素。因此重视邮轮安全管理及安全常识的普及尤为重要,一方面要尽可能减少船舶航行事故的发生;另一方面要能在紧急情况下运用应急常识快速展开自救,以争取宝贵的救援时间。

1. 邮轮安全管理的定义

邮轮安全是指邮轮在航行过程中所涉及的人、船、物等没有危险、没有威胁、没有事故的状态。邮轮安全管理是为了保障邮轮安全而进行的一系列计划、组织、协调和控制等活动的总称。

2. 邮轮安全管理的要素

基于安全科学理论基础，邮轮安全管理的基本要素是"人—机—环境—控制"系统。

（1）人

人是邮轮安全管理过程中最能动的要素，在邮轮航行过程中涉及船员与乘客两个部分，在邮轮公司管理规章体系和邮轮航次任务确定后，船员的素质和行为直接关系到能否安全、优质、经济、高效地完成航次任务。在乘客治安管理过程中，邮轮安保人员也需要随时保持警惕。

（2）机

邮轮本身的安全管理涉及船舶设计、制造、材料、机电设备、安全设备、技术性能等。以现在世界上较大的邮轮之一"海洋绿洲"号为例，它的船体被设计得非常宽大，即使在恶劣天气中也能保持稳定。船身装备了六台体积似校车大小的发动机，发动机被安置在两个不同的舱室，可以独立运行，即使其中一个发动机出现故障，船仍然能正常航行。船身拥有 18 个水密舱室和 720 个水密间隔，机舱通过双层壳体保护，保证船身不会入水。另外船上设有 11 个集合站，如果紧急情况发生，乘客可以快速分散地到达集合地领取救生衣，所有集合站均会统计人数，加强撤离监控。船上配备的救生艇还有 GPS、窗户、卫生设施等，危急时可以直接从船身垂直放入水面，快速脱离船体。

一百多年来，经历了邮轮建造技术的发展，邮轮的安全程度已经大幅上升。同时邮轮全球卫星定位、天气监测等高新技术的突飞猛进，让气候因素对邮轮的影响降到了最低。可以说，现代邮轮失事的可能性要远远低于飞机、汽车等其他交通工具。

（3）环境

环境要素是邮轮航行所处的自然和人工环境，既包括海洋气候条件等难以抗衡的自然因素，又包括以水上运输为目的所设置的船舶航道与港口环境。加强对环境的监控及各类危险因素的防范，可以将邮轮的各类安全损失减小到最低。

在对外部环境的监测上，现代邮轮均配备了兼具卫星导航与自动避撞的全球自动定位系统，并加装水下平衡翼装置，可以预防强风巨浪并保持船舶平稳。海上台风几乎不可能掀翻数十万吨的邮轮。为了安全，邮轮也会根据海面监控情况绕开台风行驶。

由"泰坦尼克"号事件催生的"国际冰区巡逻队"，从 1913 年开始运行，借助空中巡逻和雷达系统来确定冰山危险的界限，并每天发布公告，可以避免邮轮与冰山相撞的惨剧再次发生。

（4）控制

据统计，海上事故的 80% 都是人为因素造成的，邮轮公司需要加强对船上和岸上工作的监控。

3. 安全管理的目标

安全管理的根本目标是保证海上安全，防止人员伤亡，避免对环境，尤其是对海洋环境造成危害以及对财产造成的损失。《国际安全管理规则》对这一目标的实现，提出了更为明确的要求：提供船舶营运的安全做法和工作环境；针对已认定的所有风险，制定防范措施；不断提高岸上及船上工作人员的安全管理技能，包括安全和环境保护方面的应急准备。

二、邮轮卫生健康管理

在邮轮经济蓬勃发展的同时，鉴于其载客量大、人员密度高、聚集时间长、内部环境饮食相对集中、航行地点多等特点，给传染病在多国间的传播创造了条件，也增加了各类公共卫生事件发生的风险。因此，加强邮轮卫生与健康方面的管理至关重要。

M7-1 邮轮的卫生健康管理

1. 公共卫生事件的类型

（1）船舶染疫方面

① 消化道传染性疾病感染。邮轮航行期间，旅客的食品、饮用水均由船方提供，如果船上的食品、饮用水的某个采购环节出现疏漏，就会引起群体性食源性和水源性疾病。据调查，国际邮轮传染性疾病的风险以急性胃肠炎为主，均由食源性或水源性感染引起，以腹泻、呕吐、腹痛、发烧等为主要症状。近20年来，诺如病毒一直是国际邮轮胃肠道疾病暴发的主要病原体。据美国疾病预防控制中心登记，自2005年以来，邮轮急性胃肠炎暴发的疫情中，有76.4%是由诺如病毒引起的。2016年2月3—15日，"海洋量子"号邮轮连续2次发生群体性腹泻事件，导致感染疾病人数都超过30位，经病原学检测，两次均由诺如病毒感染所致。

② 呼吸道传染性疾病感染。国际邮轮由于载客量大、人员的密度高且集中，内部空间环境相对狭窄。特别是经常使用空调循环系统，内部形成的微小气候很容易空气污浊，这样就容易传播呼吸道传染性疾病。

（2）船舶卫生管理方面

邮轮，是一座移动的大酒店，也是一个移动的小社会。游客众多，而且游客成分较为复杂。通常情况下，邮轮游客以中老年人为主，身体相对比较脆弱。如果环境卫生方面的管理稍有疏忽，就可能导致卫生事故发生。

2. 国际邮轮公共卫生事件监管的举措

（1）口岸传染病的防控

国际邮轮卫生的监管，对于国际口岸的卫生管理至关重要。为了避免邮轮登轮时人多嘈杂，检疫时出现纰漏，或者对于发现的病例处理不及时，以及准备不充分等情况发生，我国海关总署在2018年修订了《出入境邮轮检疫管理办法》，该办法规定了在邮轮入境前24h或者离开上一港口后，邮轮负责人或者其代理人应当向入境口岸海关申报，提交沿途寄港、靠泊计划、人员健康情况、《船舶免予卫生控制措施／卫生控制措施证书》等信息。明确了入境邮轮应当依法接受检疫查验的义务，邮轮负责人或者其代理人应当向最先到达的入境口岸海关申请办理入境检疫手续，经海关准许，方可入境。接受入境检疫的邮轮，在检疫完成以前，未经海关许可，不准上下人员，不准装卸货物、行李、邮包等物品。入境旅客、邮轮员工及其他人员应当接受检疫。对于出境邮轮，要求在离港前4个小时，邮轮负责人或者其代理人应当向出境口岸海关申报邮轮出境检疫信息。海关对出境邮轮实施检疫，未完成检疫事项的邮轮不得出境。

（2）邮轮旅客行李的卫生监管

邮轮旅客所携带的行李，往往也是导致传染病传播的途径之一，为了尽量减少由此带来的风险，各个邮轮港口对旅客的行李在通关时都要进行严格检疫检查。对于邮轮预申报无传染病，且所有人员均健康的邮轮，采取的是"人‑机‑犬"三位一体的检疫查验模式，即旅客先卸下行李，然后由检疫人员在现场查验、在入境旅客行李大厅用 X 光机透视以及使用检疫犬对行李进行检查。对于存在疑问的旅客行李，可以开箱进行查验。

（3）邮轮食品卫生的监管

邮轮食品安全不仅是关系到游客生命健康的大事，而且是保证邮轮顺利航行的关键，所以，供船食品安全是检验检疫监管的重中之重。以上海港的食品监管为例，上海检验检疫局对邮轮食品实施了规范化的统一管理。首先，按照《中华人民共和国食品安全法》、国务院 503 号令以及《中华人民共和国国境卫生检疫法》等法律法规的要求，供船食品企业必须申请"国境口岸食品生产经营单位卫生许可证"，申请时需要提交企业三证、卫生制度、仓库管理制度、员工健康证等一系列的文件资料。其次，文件审核通过后需进行现场审核，重点查看企业的进货以及供货制。

利用互联网搜索查询，了解近几年邮轮上发生的公共卫生事件及处理措施。

第二节　邮轮安全及应急处理

M7-2　邮轮的安全管理

船员在听到紧急警报后能否有效行动，取决于平时的应急培训和演习效果，因此，把应急变化的要求和目标变成船员的熟练行动，能够有效地保障应急的成功，从而保证船舶的完整和船上人的生命安全。

一、邮轮遭遇碰撞、搁浅怎么办

海上事故指船舶在航行、停泊和作业中发生的海损事故，比如，碰撞和触碰、触礁和搁浅、浸水和沉没、火灾和爆炸以及船体和机器损坏等。此外，随着国际形势的瞬息万变，海上恐怖势力也成为威胁游客安全的严重隐患。

1. 碰撞应急

船舶碰撞，是指船舶在海上或者与海相通的可航水域发生接触造成损害的事故。船舶碰撞事故是发生率很高的海事，95% 以上是人为因素造成的。

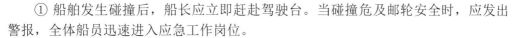

船舶碰撞应急措施通常包括：

（1）碰撞应急部署

① 船舶发生碰撞后，船长应立即赶赴驾驶台。当碰撞危及邮轮安全时，应发出警报，全体船员迅速进入应急工作岗位。

② 迅速确定以下情况：碰撞部位和碰撞发生的时间、地点；碰撞双方的危险程度与人员伤亡情况、是否造成污染；对方船舶的船名、呼号、船籍港、始发港和目的港等。并将这些情况以最快的方式告知公司总部。

③ 迅速组织自救，并全力抢救落水及伤患。

④ 慎重记录好"航海日志"，并妥善保管好航海图等原始资料。

⑤ 争取登上对方船舶以查实对方损失程度并做好记录。要求对方签署损坏确认书。

⑥ 如果碰撞导致船舶搁浅触礁、入水下沉、发生污染或者倾覆等危险情况时应转入相应的应急操作。

⑦ 拟写海事报告送公司，由公司送海事局，并做好随时接受主管机关检查的准备。

（2）船舶碰撞自力脱险措施

① 堵漏措施：在船舶发生碰撞进水后，被撞船应立即发出堵漏警报，组织全体人员进行抢救。根据船舶吃水、干舷变化，来确定船舶破损的大小，采取相应堵漏措施。当有较大波浪时，应尽量让船舶破洞处于背着波浪的方向，以减少船舶进水量。开动所有排水泵进行排水，使得船舶单位时间内总的进水量减少，延缓船体下沉，减少因船舶的进水而造成的对船舶稳性和浮性的影响。对于水线以下船体破洞，直径大时，选择堵漏毯先进行临时封堵，排水后用水泥箱堵漏；水线以上船体破洞，可以选择从外向里堵。

② 维持船舶的浮性和稳性。船舶在破损后由于进水，将会使船舶的稳性和浮性发生变化，甚至使其倾斜过大，造成倾覆。为了避免这种情况的发生，可以采取方法如移载法（移动水、燃油、货物、储藏物等，改变船舶的载重分布）、排出法（将倾斜一边的水排出，达到船体平衡）、抛货法（将物品、行李、货物等抛弃，以减缓船舶的下沉速度）等。

③ 抢滩：在邮轮碰撞后，如果有下沉的趋势，而附近又有浅滩可以临时停靠，则应该考虑是否进行抢滩处理。抢滩要分析浅滩的地质状况是否适宜、时间是否足够等。

④ 弃船：若采取以上堵漏措施、恢复船体平衡措施后都不能改变船舶沉没的可能，或者选择抢滩措施又不满足条件，又得不到外力援助的情况下，弃船是被撞船舶所能采用的一种没有办法的办法。弃船的时候要尽量保护人员的安全和船舶的重要资料不受损失，同时在弃船前为了减少污染，也应采取措施封闭有关油舱门及速闭阀等。

2. 搁浅、触礁应急

搁浅是指船舶航行中或锚泊中搁置浅滩或擦浅造成的事故；触礁是指船舶航行中触碰或搁置礁石造成的事故。

船舶搁浅、触礁事故与碰撞事故为发生率最高的海事，通常是船舶操纵不当、定位失误、走锚、不可抗力等原因导致的，但这些事故主要是人为因素造成的。船舶一旦发生搁浅或触礁事故，应该采取以下操作：

（1）前期处理

① 在航行中，发现船舶即将搁浅时，值班驾驶员应立即停止驱动，并尽可能快地通报船长，同时立即发出警报召集船员。

② 在船长指挥下，大副率领水手长等了解搁浅部位情况，测量和记录船舶四周水深，驾驶员在驾驶台协助船长测定船位和估算潮水等，所有测量结果必须及时报告船长，作为决策的依据。

③ 轮机长指挥机舱人员检查主机、能机和辅助机械是否有损坏，并报告船长。当船舶或人员安全受到严重威胁时，应立即联系海事部门或就近船舶协助施救。

（2）应急处理

① 如果发现船舶进水，应立即按堵漏应变部署表和进水应急计划，组织排水、水密隔离和堵漏，同时判断可否立即动车脱浅。

② 船长应根据各方反馈信息，结合外界的风流和潮汐情况，进行综合分析和估算自力脱浅所需拉力，采取适当行动，使船舶重新起浮或保持安全状况。

③ 大型船舶搁浅时若自行脱浅不成功，应立即申请外援。

④ 在等待援助期间，船方应警惕潮水和风流对船舶稳定性造成影响，尽力固定船位，防止船舶因风浪破损、横倾乃至倾覆。

⑤ 船舶搁浅后，如发生溢油事故，应按船上油污应急计划中处理搁浅溢油的应急措施进行处理。

总之，船长应根据各方面的反馈信息进行综合分析，对船舶周围环境进行判断，保证船舶的安全状态，保证船员和游客的安全，采用科学的方法与有关方面配合进行脱浅行动。

（3）脱浅成功后的处理

① 申请探摸检验。这是邮轮公司为了进一步查明搁浅之后的邮轮状态而进行的检验，项目包括检查船体水下部分船底板、推进器、装置等，并做出相应的检验报告。

② 申请适航证书。船舶脱浅之后抵达就近港口或避难港，应直接申请船级社验船师到船检验。不需要做任何修理或者修理完成后，船长可申请办理适航证书。

③ 书写海事报告。船舶发生搁浅事故之后，船长应根据搁浅受损情况书写海事报告。海事报告还应在船抵达第一港或避难港时由船长或其他代理人递交港口当局或港口公证人签证备案。

二、邮轮遭遇火灾怎么办

船舶火灾事故发生数量虽然位居碰撞、搁浅和触礁之后，但全损率却高于这些事故。那么，船舶一旦发生火灾事故，应该怎么处理呢？

对于邮轮火灾，要做到"一控二攻三防"，即大力控制火势蔓延，内攻和外攻相结合，尽量防止爆炸、防止翻船、防止旅客和船员中毒。同时，也要遵循以下一些原则：

1. 先救人，后灭火

在火灾扑救过程中，必须以确保受困人员的安全为基本前提，最大限度地抢救人员的生命安全。这条原则在火场上的应用就是要尽力疏散和抢救生命，防止人员死伤情况的发生。

2. 先控制，后消灭

先到达着火地点的消防队，应对船只着火区外围进行控制性灭火，防止火势扩大。等增援力量到达后，开始全面进攻。在灭火力量不足的情况下，要以楼船和主甲板的结合部为分界线实施控制，防止火势蔓延造成更大的损害。

3. 内攻外防，上堵下截

在船舶灭火的过程中，首先要采用内攻，以达到直接打击火点的目的。其次要做好外部防护，防止火势重新蔓延，并起到冷却降温的作用，为内攻人员提供保护，同时做好随时接应内攻人员的准备。在扑灭甲板间的火势时，要上堵下截，防止火势上下蔓延，以及避免热气流过于集中。

4. 围舱灭火，泡沫灌注

船舶火灾与地下建筑火灾具有相同的特性，就是建筑结构都比较复杂，如果对其内部结构不熟悉，很难实施灭火计划。通常情况下，进舱灭火必须由船上的轮机人员引路，因为只有轮机人员才清楚船舶的内部结构。同时由内攻人员利用水枪进行交替掩护，实行梯队前进。邮轮火灾通常会由于供水、通风等方面的原因，导致船舱内高温高热和充满浓烟毒雾，在内攻难以进行时，消防官兵应果断采用泡沫进行灭火或使用高倍数泡沫往船舱内灌注的方式进行隔氧灭火。

三、邮轮遭遇海难如何自救

海难，顾名思义，即船舶在海上遭遇自然灾害或其他意外事故所造成的危难。海难可给生命、财产造成巨大损失。那么遇到海难时，船员及游客们该如何自救呢？

以下是海难自救十则：

① 一定要保持冷静，听从邮轮广播的统一指挥，迅速到达指定的集合地点。

② 尽可能多地穿上暖和的衣服，注意要护住头部、颈部、手和脚，一定不能脱掉鞋子。如果有保暖救生衣，要穿在外面，没有保暖救生衣，要穿上普通的漂浮救生衣，救生衣不仅可以帮助人体浮在水面上，打开上面的指示灯还能便于被救生船发现。

③ 如果有条件，服用预防晕船的药物，最好随身带上救生圈。

④ 迅速并且有秩序地进入救生艇或救生筏。尽可能不要直接跳入海里，突然跳入冷水极易呛水，并且会导致迅速死亡。当必须直接跳入冷水时，应该将两肘紧贴身体，一手捂住鼻子和嘴，一手紧握另一手肘或者手腕。

⑤ 一旦落入水中，应该镇定下来，在冷水中人体热传导速度比空气中快得多，要努力寻找大船、救生艇、救生筏、救生圈或者水面上其他漂浮物，让自己身上的部位尽可能少地接触到冷水。若猛烈发抖，感到剧痛，这是人体的本能反应，没有危险，应该迅速采取行动，如扣好衣服、抓住漂浮物、找出救生衣上的口哨、开启信号灯等。

⑥ 浮在冷水中，尽量不要游动，除非是为了接近附近的小船、遇险的同伴、可依靠或可攀附的漂浮物。不必要的游动会将身体和衣服之间的温水"排出"，从而增

加体热消耗速度。另外，无意义的游动会将温暖的血液从人体内部加速输送到表层，导致体热迅速丧失，而体热丧失会很快使人死亡。

⑦ 浮在冷水中时，要尽量将身体缩成一团，即两腿并拢、两肘紧贴身体、两臂交叉放在胸前，尽可能不动地浮着，可有效地减少身体表面和冷水的接触面积，延长存活时间。尽量使头部和颈部伸出水面，人体的能量有大约 50% 是从头部散失的，因此在冷水中保持头部浮出水面特别重要。当穿着的救生衣妨碍人体保持完全团身的姿势时，哪怕只是保持部分团身姿势也有助于减缓热量快速散失，达到延长存活时间的目的。另外，如果附近有几个人，那么大家抱成一团，也特别有助于保持体温，如果有儿童，要把儿童放在中央，这样借助大人的体热可以延长孩子的存活时间。

⑧ 要尽快登上救生艇、救生筏，或者其他的救生浮具和漂浮物。上了救生艇要设法用舱盖布、防水帆布、无人穿的衣服等来挡风，以避免出现风冷效应将人冻死。

⑨ 逃生采取游泳自救还是等待救援取决于多方面的因素。大多数人在低温的冷水中连 100m 也游不到。而在水上观测的距离也难以完全准确。一般情况下，最好是留在沉船的附近，因为这样更容易被救援者发现。除非是在绝对没有被救出的可能，或者对自己的游泳能力有绝对的把握的情况下，否则尽量不要采取游泳自救的办法。如果决定游泳自救，也一定要记住穿上漂浮救生衣或者使用能用的辅助漂浮物。

⑩ 必须坚持要活下去和获救有望的积极思想状态，这样做会增加延长生存时间的可能性。有没有坚强的求生意志，有时会产生完全不同的效果。

四、邮轮遭遇病毒如何处理

无论何种病毒，早发现早隔离，做好防护和消毒是关键。如 2019 年 1 月在皇家加勒比"绿洲"号邮轮发生的诺如病毒感染事件，当时邮轮正在开回母港的航行中，当发现病毒感染时，邮轮立即对已感染的客人进行隔离，同住的室友也必须搬到别的房间。隔离期间，由服务人员送餐，每天还会有专员对房间进行 1 ～ 2 次消毒。服务员要穿上防护服、护目镜和口罩，帮病员清理生活垃圾，将床铺床褥送去洗衣房清洗消毒。

其他客人进入餐厅时，会有专门的人员负责给客人挤洗手液，消毒过后，才能进去吃饭。自助餐厅关闭，客人不能自助取餐，必须由服务人员来进行分餐，甚至夹菜用的夹子都要 15min 更换一次。

五、邮轮遭遇霸船事件如何处理

邮轮不同于传统的海上运输，游客登上邮轮之后可以进行海上观光、休闲、餐饮、娱乐等各种活动，由于客观与主观原因，在邮轮上可能发生各种各样的情况，当游客的利益得不到有效保障时，邮轮霸船行为便极有可能产生。

那么，什么是霸船事件？霸船事件的原因是什么？解决霸船事件的途径是什么呢？

1. 什么是"霸船事件"

"霸船事件"通常情况是一小部分游客对船舶公司或旅行社未按照原先合同的约定执行表示不满意，向船方或旅行社要求给予未履行合同约定的补偿，但双方对给予的补偿未能达成协议，出现游客强行不下船从而影响邮轮正常接客活动的事件。

2. "霸船事件"产生的原因

"霸船事件"的产生主要是由于客观原因导致延误的时间过长、邮轮原计划航线的变更,如减少港口的停靠时间或改变停靠港,甚至也会是其他原因,最终旅行社、邮轮公司与游客未达成赔偿协议,从而出现"霸船事件"。

目前导致"霸船事件"出现的主要原因是邮轮延误或航线变更,但邮轮的延误或航线改变大部分是由于国际关系变化,台风、大雾、暴雨,航道、港口管制,海浪,邮轮故障等不可抗力所导致的。为了航行安全考虑,作为船上最高行政长官的船长有权力做出是否航行的决定,毕竟航行的安全保障是绝对第一位的,但处理不当也会导致"霸船事件"的产生。

在导致"霸船事件"的原因中,除了一定客观因素外,还有一定的主观原因,如,旅行社在销售邮轮产品时过于夸大其词,邮轮公司、旅行社、港口在紧急事件发生时未履行与游客充分沟通的义务,或是由于邮轮公司自身的原因导致,如"海娜"号邮轮,因为经济纠纷被法院扣留,游客因为对服务不满意,最终导致"霸船事件"。

3. "霸船事件"的解决途径

邮轮霸船事件,从游客角度而言是为了更好地维护自身的权益,减少自身的损失,但对邮轮公司的正常运营造成不良的影响,同时也对邮轮港口的安全造成威胁,并且造成不良的社会影响。在对邮轮霸船行为进行批评的同时,需要寻求更好的解决办法。

（1）完善处理突发事件的法律法规

各国应该逐步完善邮轮运营安全保障方面的法律法规,从而更好地提升霸船事件解决的可行性和效率。

（2）塑造邮轮企业诚信与行业自律

首先要加强互信自律。在解决霸船问题上,一方面可借鉴航空旅客黑名单制度,构建邮轮旅客诚信档案制度,将此记录与个人征信记录相关联,加强社会公众的监督;另一方面,行业协会做好邮轮企业的行业自律工作,诚信经营。另外,消费者协会与行业协会应共同打造信息披露制度,充分发挥行业协会的引导促进作用,强化对邮轮游客满意度的调研,为将要开展邮轮旅游的游客提供更好的指导,应加强诚信体系建设,对邮轮公司、旅行社及相关服务机构建立诚信评级,使游客在服务选择方面可以得到更好的指引。

（3）建立风险基金保障制度

联合国际邮轮公司、旅行社及邮轮港口等建立邮轮风险基金。邮轮"霸船事件"是邮轮公司面临的主要风险之一,邮轮公司要对游客进行赔偿,由于游客较多,邮轮公司承担较大的风险成本。邮轮公司不仅要承担较大数量的资金成本,而且需要承担较大的企业声誉损失成本。设立风险保障基金可以将邮轮"霸船行为"纳入其中,减轻邮轮公司的风险压力,同时也减少游客的损失。

（4）完善邮轮旅游保险产品体系

当前针对邮轮旅游保险的产品体系逐渐丰富。环亚保险经纪于 2016 年推出的上海市邮轮取消延误综合保险第一次创新运用保险市场化手段,协助邮轮旅游纠纷应急处置,填补了上海国际航运服务的空白,在吴淞口国际邮轮港设立现场理赔服务点，为客户提供面对面的保险服务。

江泰保险经纪公司设计的"邮轮旅游专属保险"产品，针对邮轮旅行中的特殊风险——邮轮靠港时间缩短、停靠港口取消、抵港时间延误进行产品设计，打破其他保险公司必须在出发 5 日前投保的限制，网站端团险产品支持最早次日起保，手机 APP 端个险产品支持最早隔日起保，更符合邮轮行业收客和操作惯例。

六、邮轮遭遇海盗怎么办

在公海上，海盗袭击和武装劫船的事时有发生，前几年的索马里海盗劫掠邮船事件震惊世界，已引起国际航运界和各国政府的高度重视。

对一些海盗袭击事件的分析表明，船舶的低速、低干舷、警戒级别低或明显的自我保护措施不足、船舶应急反应明显缓慢等弱点常会被海盗利用。

海盗袭击未得逞的案例证明：速度 15 节或以上的船舶很少被成功劫持过；海盗如果在 30～40min 之内未能登船一般会放弃；如果能够坚持等到军队的支援，海盗将会放弃袭击行动；航行经过海盗活动区域应事先制订应急计划并进行训练，以便成功有效地使用反制措施。

因此，在高风险海域航行船舶，应采取以下防海盗措施：

① 要认真执行《船舶保安计划》，针对航次特点对船员进行培训，适时组织防海盗演练。使每个船员都知道本航区或港口海盗活动的规律、防海盗的方法和注意事项，掌握防海盗措施和本人的职责，确保措施能够落实。

② 航行经过危险水域的船舶必须提前进行保安报警及通信设备测试与检查，确保设备随时可用。

③ 船舶在危险水域航行时，除保持视觉和雷达观察外，还应进行全天候的防海盗值班，特别是强化夜间监视；配备必要的自卫器材，并时刻保持与驾驶台的联系，互通情况。保持高度戒备，与可疑船、艇保持距离，防止大船放出小艇快速接近。

④ 轮机长根据主机的负荷，随时调整主机的转速，确保主机在安全运转的前提下开到最大的转速。

⑤ 遇海盗袭击时，应保持全速前进，通过改向加速阻止小船靠近。尽可能采用 Z 字形路线航行，把海盗船甩在上风、上浪舷。

⑥ 海盗离船舶较远时，可利用船上的各种工具和手段（如开启消防泵，使用消防水枪、强光灯、警报、汽笛等）对海盗予以警告。

⑦ 若海盗已贴近船舷侧，除积极采取避让或冲撞措施外，还可用高压水龙对准海盗喷射，以影响海盗登轮的视线，增加登轮难度。抛掷事先准备好的物品，如在舷侧绑有大油桶，可砍断绑扎的绳索，将油桶扔向海盗船。如果海盗抛绳钩上船时，一定要果断地将其砍断，决不可犹豫。如果海盗已经沿钩索向上攀爬，可向绳索、绳梯和登轮梯泼洒油漆或燃油，以阻止海盗登船。

⑧ 在阻止海盗登轮的过程中，船员应注意保护自身安全。在割断钩绳、砸下油桶、使用水枪时尽可能使用长柄工具，不要轻易将身体暴露出来。尽量不要过大伤害对方防止报复，以驱赶为目的，一切行动听指挥。

⑨ 立即向公司和国际反海盗中心报警，启动 SSAS 报警，驾驶员启用 VHF16 频道、卫星通信等有效手段报警求救，说明船上的情况，向空中施放降落伞火箭信号

弹。如有可能，对强行登轮的海盗船及其人员进行抓拍，以便向外报告备查和以后作为缉拿的证据。

⑩ 一旦确认海盗登船，应立即发出全船警报并报告海盗出现的位置，提醒在甲板上的船员选择合适的路线回到安全区。若海盗已控制驾驶台、机舱或抓住船员作为人质，此阶段最为危险，船员应放弃对峙，以避免伤亡。船长和船员应保持镇静，采取一切方法发出遇险信号与周围支援力量取得联系，并寻机与海盗进行谈判以确保人质的安全。

发生海盗袭击事件后，船长应尽快向船东、沿岸国有关当局等报告详情，包括地点、时间、海盗船名和特征、海盗人数、离去时间、损失等，并按 IMO 标准格式向船旗国主管当局报告，也可由公司转报，并保持与船旗国当局联系。

拓展学习

1. 利用互联网查询，了解近年来发生的邮轮安全事故及处理措施。
2. 组织学生进行安全应急演练。

思考练习

一、单项选择题

1. 在国际邮轮卫生检疫监管中，对于入境邮轮，采取了健康（　　　）制度。

A. 自查　　　　　　B. 预申报　　　　　　C. 管理　　　　　　D. 检查

2. 船体破损进水前期阶段，船员们应立即组织（　　　），进水严重应设法抢险。

A. 弃船　　　　　　B. 堵漏和排水　　　　C. 游泳逃离　　　　D. 坐上逃生艇

3. 下列关于"霸船事件"说法不正确的是：（　　　）。

A. "霸船事件"通常情况是指由于某些原因，出现游客强行不下船从而影响邮轮正常接客活动的事件

B. 邮轮霸船事件，从游客角度而言是为了更好地维护自身的权益，减少自身的损失；但对邮轮公司的正常运营会造成不良影响，也会对邮轮港口的安全造成威胁

C. 设立风险保障基金可以将邮轮"霸船行为"纳入其中，减轻邮轮公司的风险压力，同时也减少游客的损失

D. "霸船事件"是一种有效解决邮轮公司不作为或不正确作为的有效合法行为

4. 当邮轮遇险时，下列说法不正确的是：（　　　）。

A. 当碰撞损害严重，确实无力抢救时，船长也不应宣布弃船求生

B. 邮轮遭遇海难时，游客们应迅速、有秩序地进入救生艇或救生筏，尽可能不要直接跳入海里

C. 船舶在航行期间如果出现发热症状或疑似疫情病例，应立即对病员实施隔离，全体船员做好防护措施

D. 游客穿上救生衣，不仅可以帮助人体浮在水面上，打开上面的指示灯还能便于被救生船发现

二、多项选择题

1. 邮轮安全管理是为了保障邮轮安全而进行的一系列（　　　　　）等活动的

总称。

    A. 计划   B. 组织   C. 协调   D. 控制

2. 传染病在邮轮上容易传播的原因包括（   ）。

    A. 载客量大   B. 人员密度高   C. 聚集时间长   D. 饮食相对集中

3. 国际邮轮传染性疾病的风险以急性胃肠炎为主，均由食源性或水源性感染引起，以（   ）等为主要症状。

    A. 腹泻   B. 呕吐   C. 腹痛   D. 发烧

4. 居住舱室失火时，可以通过（   ）扑灭火灾。

    A. 探火装置确定失火舱室   B. 关闭防火门

    C. 使用适当的灭火剂   D. 使用消防水

5. 船舶临近碰撞或发生碰撞，应立即（   ）。

    A. 停船   B. 发出警报

    C. 向船长和机舱报告   D. 召集船员采取应急行动

6. 一旦落水，要尽快登上（   ），让自己身上的部位尽可能少地接触到冷水。

    A. 救生艇   B. 救生筏   C. 其他的救生浮具   D. 漂浮物

7. 当船上有病毒感染事件发生时，服务员要（   ）帮病员清理生活垃圾，将床铺床褥送去洗衣房清洗消毒。

    A. 穿上防护服   B. 戴上护目镜   C. 戴口罩   D. 戴手套

8. 邮轮的延误或航线改变的原因包括（   ）。

    A. 台风   B. 大雾   C. 航道、港口管制   D. 邮轮故障

三、判断题

1. 据调查，国际邮轮传染性疾病的风险以急性胃肠炎为主，主要由食源性或水源性感染引起。   （   ）

2. 加强对环境的监控及各类危险因素的防范，可以将邮轮的各类安全损失减小到最低。   （   ）

3. 邮轮本身的安全管理涉及船舶设计、制造、材料、机电设备、安全设备、技术性能等。   （   ）

4. 一百多年来，经历了邮轮建造技术的发展，邮轮的安全程度已经大幅上升。   （   ）

5. 国际邮轮由于载客量大、人员密集、内部空间环境相对狭窄、经常使用空调循环系统等原因，容易传播呼吸道传染性疾病。   （   ）

6. 邮轮口岸监管单位在检查游客时，对于存在疑问的旅客行李，可以开箱进行查验。   （   ）

7. 邮轮遭遇海盗时，应立即向公司和国际反海盗中心报警。   （   ）

第八章　邮轮应聘就业

学习目标

☞ 知识目标

1. 了解邮轮公司内部的人员管理：邮轮公司组织结构和人员规划、邮轮公司的部门及岗位设置；

2. 了解海乘人员的素质要求；

3. 掌握应聘邮轮工作的基本程序、海乘人员面试准备和技巧。

☞ 技能目标

1. 条理清楚的逻辑分析与语言表达能力：能说出邮轮企业主要部门设置和主要就业岗位；

2. 会利用电脑（办公软件）和互联网，总结邮轮工作应聘求职流程及主要注意事项（PPT 形式）。

☞ 素质目标

通过对邮轮应聘相关内容的学习，融入爱岗敬业的职业品格，求真务实、追求进步的责任感与使命感。

第一节　邮轮公司组织结构和人员规划

学习引导

邮轮行业在中国近十年来大规模爆发式增长，使得邮轮工作——所谓的"海乘"逐渐进入人们的视野。十几年前，欧美邮轮公司开始逐渐进驻中国市场，自然需要逐步增加本土市场的员工力量。但"海乘"和"空乘"还有很大不同，邮轮在海上航行，相当于一个密闭的小型社会，员工职位和职责，相对于"空乘"，会更加多样化、细致化。

乘坐过邮轮的朋友，可能对邮轮上直接面客的员工，如客房、餐厅服务生等有着一定直观的感受与认知。那么对于不面客的"后台"工作者呢？很多人可能知之甚少。还有一些对邮轮工作感兴趣的朋友，也希望对"海乘"工作有所了解。

知识内容

随着邮轮业的发展，现在邮轮一般都采用邮轮集团化模式进行经营。邮轮的物流、市场营销、人事、财务、人力资源开发、海事计划、业务发展等事务都由集团公司（岸上业务）直接提供支持，以降低邮轮运营成本。

一、邮轮公司的组织结构

1. 概况

随着邮轮业的发展，邮轮运营组织机构在不断变化。传统的邮轮运营多以单船公司为主，现代邮轮运营多以集团公司的运营模式出现。单船公司的运营组织机构比较复杂，运营成本也相对比较高，目前日本的国际邮轮多属这种运营模式。

邮轮集团运营模式是国际邮轮行业的主流。就船上的运营组织机构而言，集团公司管理下的邮轮与单船公司相比，机构要简单得多，因为诸如物流、市场营销、人事、财务、海事计划、业务发展、人力资源开发等许多运营事务都由集团公司直接提供支持，以降低邮轮运营成本。船上的组织机构主要由甲板、酒店两大部门组成，甲板部作为邮轮运营的核心技术部门，主要由船长掌控；而酒店部的业务运作一般由集团总部直接控制。船长的作用主要是协调和对现场管理承担责任。

2. 雇员

邮轮属于劳动密集型行业，为了打造高端旅游产品，船员与游客的比例非常高。越豪华的邮轮配备船员数会越多，普通邮轮的船员与游客比一般是 2∶5，豪华邮轮一般是 1∶1.5，超豪华的小型邮轮船员与游客比有的已达到 3∶1，即一名游客配 3 名船员。

一般一艘邮轮雇员来自很多国家，堪称是"小联合国"。例如，"处女星"号邮轮将近 1 300 名船员来自全世界 35 个国家和地区。考虑到市场开发，邮轮公司都喜欢员工的全球化。

邮轮海上航行时，由于配备邮轮工作人员总的原则是从紧，这样就会经常出现"一岗多责"或跨部门工作的情况。通常情况下，每个船员在船上都有两份工作：一份为本职工作，另一份为紧急情况时的附加工作。如船长晚宴、岸上观光、剧院等比较大型的演出，都需要各部门有关人员的通力配合，派出人员支援。有时，员工还要充当演员等特殊角色。

3. 邮轮集团公司组织结构

邮轮集团公司还有一个更高的管理层，一般包括董事会主席、执行总裁、执行副总裁等。根据邮轮集团公司管理的需要，执行副总裁一般都设若干名。

① 董事会主席是邮轮集团公司的法定代表人，有时也称首席执行官（CEO），是邮轮集团公司的最高行政长官，负责邮轮集团公司建设和发展等重大问题的决策及高层人事安排。

② 执行总裁负责确定公司销售、市场、业务、财政等方面的经营管理。

③ 市场副总裁负责组织协调邮轮公司的产品调研、开发、宣传和后续事务。

④ 销售副总裁负责监督邮轮公司旅游的实际销售。邮轮集团公司在客源地一般都设有地区销售代表，销售副总裁必须与各地区销售代表及时沟通，掌握公司旅游产品的销售信息。

⑤ 财务副总裁负责掌管和处理集团公司的所有财务问题。

⑥ 业务副总裁负责船上及岸上的活动安排、协调与指导。有的公司又分餐饮业务副总裁、技术副总裁、团队旅游副总裁等。

对于美容院、摄影部、商店、健身俱乐部等组织，邮轮集团公司通常以特许经营的方式进行运作。

二、邮轮公司人员规划

邮轮公司进行人员规划，需要关注的焦点问题包括：人员数量、员工应具备的素质和技能、如何对员工进行培训开发、员工招聘如何进行等。概括来讲，主要包括三个方面的内容，即人员结构规划、人员数量规划和人员质量规划。

1. 人员结构规划

人员结构规划又称为层级规划，即确定合理的人员分层分级结构，是人员数量规划和人员质量规划的基础。要做好人员结构规划，需要对公司的职位进行分类、分层，然后对公司现有人员结构进行诊断，并给出未来人员结构的优化建议。

按照工作地点的不同，邮轮公司的工作岗位可以分为两种：

① 岸上工作岗位。岸上工作岗位主要涉及管理、预订、市场、销售、客户服务、技术、人力资源等领域。

② 船上工作岗位。船上工作岗位主要涉及船舶安全航行以及游客接待服务等领域。

2. 人员数量规划

人员数量规划又称为定员编制，是根据邮轮的经营方向、规模、档次、业务等情况，确定邮轮的岗位设置，规定必须配备的各类人员的数量。

影响邮轮公司定员配备的因素是多方面的，比如公司规模、船队规模以及邮轮设计等级等。公司规模和船队规模越大，所需要的员工数量也就越多。对于邮轮而言，绝大多数邮轮拥有大规模的设施与活动，这就需要雇用大量的员工以确保游客的需要。在一艘大型邮轮上，按照员工与游客之比约为1:3的比例计算，通常会有上千名工作人员。而在一些设施设备和服务水平更为完善的高端邮轮上，员工与游客之比可以高达1:1。

此外，邮轮公司在员工定员配备方面具有很大的灵活性，通常会根据季节以及市场需求模式的变化进行调整。

3. 人员质量规划

人员质量规划又称为任职要求规划，目的是确定各岗位所需要的人员的素质与能力。岸上管理层人员的配备是邮轮公司经营成败的关键，需要经过严格的测评和考核。船上工作同样需要高素质的管理人员和服务人员去完成，他们在不同岗位履行各自的职责和义务，在确保安全航行的同时为游客提供既周到又富含个性化的服务。

邮轮公司人员结构规划、人员数量规划以及人员质量规划三者相辅相成、同时进行，这是一项系统而又庞大的工作。公司管理层需要根据邮轮公司的经营目标设定部门、细分岗位，并对每一职位进行分析，确定该职位的工作目的、职责、工作内容、工作环境、所需知识与技能要求等，同时确定现在及未来对员工数量的需求情况。

拓展学习

登录各大邮轮公司官方网站，了解它们的组织架构和人员组成。

第二节　邮轮公司的部门及岗位设置

M8-1　邮轮公司的部门及岗位设置

通过互联网查找邮轮公司的招聘简章，分析他们一般招聘什么样的员工，提供什么样的待遇，有什么具体的岗位要求。

课堂思考：你认为你是否符合邮轮公司的招聘要求？你了解邮轮上都有哪些部门和岗位吗？

知识内容

邮轮公司根据业务的不同，将工作岗位主要分为船上业务岗位和岸上业务岗位。

一、船上业务岗位及要求标准

邮轮船上业务岗位主要分为航海部、轮机部、酒店部、娱乐部以及医疗部等五个部门。船长是邮轮上的最高指挥官。

1. 航海部

航海部门在船长的领导下，负责船舶营运和船舶驾驶、船舶保养、船舶停泊安全以及主管救生、消防、堵漏工作及设备器材维护等工作。

航海部海员职业可以分为：船长、驾驶员（大副、二副、三副）、值班水手等，其中船长和大副属于管理级的海员，二副、三副属于操作级海员，水手属于支持级海员。

（1）管理级海员的职责

船长：船长是船舶领导人，主管船上行政和技术事务，对公司经理负责，主要工作包括领导全体船员贯彻国家的方针政策、法令法规和公司下达的各项指示和规定；优质全面地完成运输生产和其他任务，最大限度地保障船舶和生命财产的安全，发挥船舶正常航海和运货、运客职能；严守国际公约和地区性规定及承担应尽的国际义务；遇到应急情况时果断而稳妥地处理各项事务。

在英、美等国，船长不属于船员，而单独作为一种职业，至少需要具有 20 年的

航海经验。在我国，船长是一个职称。

船长在入职时，必须通过各种考核和在岗培训，熟悉海洋、航海等相关安全规程。作为邮轮上的最高指挥官，船长在船上也拥有绝对的权力，有权对船舶、员工、顾客等相关问题采取相应措施，在游客登上邮轮后，船长也会出席船上的社交活动，对游客表示最直接的欢迎。

大副：主持甲板日常工作，协助船长做好安全生产和船舶航行工作，担任航行值班；主管货物装卸、运输和甲板部的保养工作；负责制订并组织实施甲板部各项工作计划；负责编制货物积载计划、维护保养计划；主持安全月活动和相关安全工作。

（2）操作级海员的职责

二副：履行航行和停泊所规定的值班职责；主管驾驶设备，包括航海仪器和操舵仪等的正确使用和日常维护；负责航海图书资料、通告及日常管理和更正工作，以及各种记录工作。

三副：履行航行和停泊所规定的值班职责；主管救生、消防设备的日常管理和维护工作。

（3）支持级海员的职责

水手长：在大副领导下，具体负责木匠和水手工作；做好锚、缆、装卸设备的养护维修工作；带领水手做好油漆、帆缆、高空、舷外、起重、操舵及其他船艺工作。

一水：执行操舵、航行值班职责和日常甲板部的维护保养工作。

二水：执行带缆、收放舷梯和甲板部的各种工艺工作。

航海部员工可以通过他们所佩戴的肩章上的纯金色的条纹来辨别，总长和船长肩章上的条纹为4条。航海部主任肩章上的条纹为3条，大副为2条半，二副为2条，三副为1条半，四副为1条，学员一般为1条或半条。

以上工作职位均需取得相关海事部门颁发的船员适任等任职资格证书，有两年以上的航海经验，扎实的操作计算机和电子设备的技能，在国际海事部门认可的航海大学毕业，能说流利的英语等。

2.轮机部

轮机部门的主要职责是监管所有的邮轮机械运行、电力保障、废物处理以及燃料、维护和保养工作等。

轮机部海员职业可以分为：轮机长、轮机员（大管轮、二管轮、三管轮）、电机员、铜匠、修理工、值班机工。其中，轮机长和大管轮属于管理级的海员，二管轮、三管轮、电机员属于操作级海员，铜匠、修理工、值班机工属于支持级海员。

（1）管理级海员的职责

轮机长：是全船机械、电力、电气设备的技术总负责人。全面负责轮机部的生产和行政管理工作；检查轮机部各项规章制度的执行以使各种设备保持良好的技术状态。

大管轮：在轮机长的领导下，参加机舱值班，维护机舱正常的工作秩序；主管推进装置及附加设备，锅炉以及润滑冷却、燃油、起动空气、超重动力和应急装置的使用和维护。

（2）操作级海员的职责

二管轮：履行值班职责，主管辅机及其附属系统、应急发电系统与燃油柜、驳运、分油机、空压机、油水分离设备和污油柜的使用和维护工作。

三管轮：履行值班职责，主管副锅炉及其附属系统、各种水泵、甲板机械、应急设备的各种管系。

电机员：主管船上所有电机设备，主要职责是电路板维修与电气设备保养。

（3）支持级海员的职责

铜匠、修理工、值班机工：在轮机长和大管轮的领导下，履行轮机值班职责，参加机电设备的维修保养工作。

轮机长有4条金色与紫色相间的条纹，总电工有3条，大管轮2条半，二管轮2条。该部门有两个标志：佩戴推进器标志的是技术工程人员，佩戴电流图标志的是电工。

3. 酒店部

酒店部门是邮轮上的对客服务部门，其工作岗位与服务职责和陆地上的酒店、度假村类似，在员工数量上也占据主导地位。酒店副总裁或经理必须具有专业化的航海知识和酒店管理知识，从而领导其专业团队为邮轮旅游者提供高水平的服务。

酒店部常见的工作岗位有前台经理、餐厅经理、酒吧经理、行政总厨、客舱经理以及其各自下属的职位等。

4. 娱乐部

娱乐部门主要负责为客人提供娱乐休闲服务，包括健身、娱乐、地面观光以及各种演艺活动等。娱乐部经理负责娱乐部的管理，主持邮轮上各种演艺、派对活动，管理乐师、演员、健身俱乐部的人员等。

5. 医疗部

邮轮上的医疗部主要负责为邮轮上的游客和船员提供多种医疗服务。医疗部的首席医生领导着医生、护士、药剂师、理疗师和牙医等职员。如果游客或船员在海上遇到意外轻微损伤、不便之处和紧急情况，医生会给予帮助。不过邮轮上的医疗服务不是免费的，账单的处理方式与陆地上的医院和诊所一样。一些邮轮公司也将医疗人员安排在酒店部门以创造收益。

二、岸上业务岗位及工作标准

邮轮公司岸上业务工作岗位主要涉及管理、预订、市场、销售、客户服务、技术和人力资源等领域。主要有行政事务部、销售部、岸上观光部等。通常有些邮轮公司将岸上观光部分归属到酒店部。

1. 行政事务部

主要落实经理办公会各项决定的督办、协调，承担公司的日常事务、企业管理工作，制定职能部门的责任目标及组织实施考核等。

2. 岸上观光部

邮轮公司为获得更大的收益或者更大限度地满足游客，一般会设置岸上观光部，负责为船上客人定制岸上观光行程及负责组织岸上行程安排及讲解等。部门员工主要有岸上观光经理、岸上观光助理、岸上观光导游或旅游顾问及岸上观光业务员（后勤、文员和仓管）等，要求有一定的外语基础，组织能力和推销能力强的人较有优势。

3. 销售部

主要负责组织客源、建立和管理营销网络、制订并下达旅游客运计划、产品开发及市场发展策划等。邮轮公司的销售部一般与邮轮旅游代理商（旅行社、旅游电子商务等）关系密切。

 **拓展学习**

利用互联网搜集各大邮轮公司的招聘信息，了解邮轮乘务人员的工作要求、待遇等。

第三节 海乘人员的素质要求

学习引导

邮轮服务人员也称为海乘，是一个特殊的职业群体。他们需要长期在海上漂浮，每个合同6～8个月，其间不能回家，每次航程结束才能在岸上待一段时间。而且目前国际豪华邮轮大部分是外国邮轮，英语是邮轮上主要工作语言和服务语言，因此邮轮服务人员需要具备较高的英语能力。邮轮上的服务人员来自很多国家，堪称是"小联合国"。国际豪华邮轮每次航程开始和结束都需要同时为两三千人提供各种接待服务，工作强度大且时间长。由于这种工作环境的特殊性，除了具备良好的专业知识和职业技能外，邮轮服务人员需具备更高的素质要求。

知识内容

邮轮服务人员主要需要具备以下素质：

一、喜欢海上生活

作为邮轮服务人员，大部分时间都在海上度过。海上的生活与陆地上的生活差别很大。首先，海乘人员的合同期一般在6～8个月，其间都在海上漂浮着，不能离开邮轮，不能回家与家人团聚；其次，长期在一个封闭的环境中工作，活动空间仅限于整个邮轮；最后，邮轮上的海乘人员来自全世界不同国家，他们之间在信仰、习惯、沟通等方面差异很大，如果不能适应这种工作环境，就会影响海乘人员的工作水平。

二、较强的服务意识

邮轮旅游的独特性体现在其服务水平上，船员与乘客的比例越大越代表较高的服务水平，此外，还要求邮轮服务人员热情周到、亲切真诚、一视同仁，具备主动为客人提供良好服务的意识，这是提高邮轮服务质量的关键。较强的服务意识是邮轮服务人员的从业前提，也是最基本的职业素质之一。微笑服务是服务意识的最主要表现之一，也是邮轮对服务人员的最基本要求。

三、较高的英语水平

邮轮工作是高度国际化的工作，服务对象国际化、服务人员国际化、工作空间国际化，因此，较高的语言应用能力是邮轮员工的基本素质。目前，各大国际豪华邮轮上的通行工作语言就是英语。同时，语言应用能力越强，在邮轮上得到重用的机会就越多，升迁的可能性就越大，在同类岗位上的待遇也就越高。

四、良好的身体素质

国际豪华邮轮的客流量集中、工作强度大，每个航次需要同时接待两三千名顾客上下船。工作时间长，有的海乘人员一天的工作时间达到 12h，这就决定了邮轮服务人员必须具备良好的身体素质。比如，客舱服务人员在每个航次结束之后，只有不到几个小时的时间为下个航次的顾客准备客舱。餐厅服务人员每天需要准备早、中、晚三餐所需的餐桌摆台；进行席间服务，有时需要同时端几个餐盘；在顾客用餐完毕后收拾餐桌等，这些都需要良好的身体素质来支撑。

一般欧美航线的邮轮对海乘人员的身体素质要求比较严格，要求从事国际邮轮服务工作的海乘人员必须年满 21 周岁，大专以上学历；身高一般要求男生在 1.70m 以上，女生在 1.60m 以上；双手无明显标志（如文身）和疤痕等。而亚洲航线的国际邮轮对海乘人员的要求稍微低些：年龄在 18 ～ 26 岁，高中或中专以上学历；身高要求男生在 1.70m 以上，女生在 1.60m 以上。

五、较强的沟通能力

邮轮服务人员需要处理好与顾客、同事及上下级之间的关系。在邮轮上，不管服务人员还是顾客多来自不同国家，人际交往中，既有文化的冲突，又有利益的关联，这就需要邮轮服务人员掌握顾客和同事所在国的文化习俗，具有较强的沟通意识，掌握人际沟通的原则，具备良好的沟通交流的技能与能力，积极进行交流。

六、团队合作精神

邮轮服务人员需要具备良好的团队合作能力，与同事、上下级相互支持、相互协作。邮轮工作的一大特点是一人多岗，根据工作需要，在特殊时段里跨部门合作是邮轮上常见的现象，尤其是娱乐部，因为员工比较少，遇到大型活动必须得到其他部门员工的援助，而在上下船娱乐部比较清闲的时候，需要帮助上下船专员维持秩序、引导接待等。

七、特定的职业技能

作为邮轮服务人员，必须具备特定的职业技能。餐饮服务人员必须具备西餐服务的技能；客舱服务人员必须具备客舱清洁等技能；前台员工必须掌握结账收银、外币兑换、投诉处理、总机转接等技能；酒吧员工必须具备调酒技能；商店员工必须具备销售技能；娱乐部员工必须具备主持、唱歌、跳舞、运动健身等技能。

　　利用互联网查找相关图片或视频，了解更多海乘人员的工作和生活情景。

第四节　应聘邮轮工作的基本程序和面试技巧

M8-2　应聘
邮轮工作的
基本程序

　　随着邮轮业的发展，邮轮工作人员的需求越来越大，参加应聘邮轮工作的人也越来越多。各大邮轮公司的招聘方法各有不同，了解各个邮轮公司的招聘方式及招聘渠道，学会辨别正规和非正规的招聘渠道，厘清邮轮招聘中介与劳务派遣公司的关系，了解如何在首次应聘中避免被非正规招聘中介收取巨额中介费等，对想要应聘邮轮公司职位的应届毕业生非常重要。

一、应聘邮轮工作的基本程序

1. 了解邮轮工作、明确工作目标，选择适合自己的岗位和公司

　　邮轮上的岗位丰富多种，主要有在餐厅、酒吧、客房、商场等场所服务的服务员和收银员、儿童护理员、安全员、岸上导游、摄影师、前台接待等岗位。这些岗位人员可以统称为"邮轮乘务员"或"海乘人员"。

　　根据岗位不同，绝大多数邮轮工种的合同期会在 6 ~ 8 个月。当乘务员完成一个合同时，下一个合同可能还是回原来的航线，也可能会被分配到其他的航线去。而且，每一种工作岗位的工作内容与要求、劳动强度、收入待遇等都不一样，所以，有意向从事邮轮工作的人们，要了解邮轮的工作状况，并结合自己的目标、兴趣爱好和职业发展规划来选择合适的岗位。

　　此外，如何选择合适的邮轮公司呢？一要看个人有什么需求，二要看公司的历史、发展、定位、规模，以及当前市场的发展和布局。

2. 挑选靠谱的中介

　　目前，国际邮轮在中国招聘，基本还是通过中介来完成的。因为去国际邮轮工作，也相当于在国外工作的一种，需要进行合法的劳务外派。要尽量选择邮轮公司官方指定的、有国家正式颁发的劳务外派资格的人力资源公司，避免二线、三线中介，子中介，小中介等。

　　挑选邮轮中介是非常关键的一步，这关系到整个流程中的费用支出、面试通过率、船期、后续服务状况等。

3. 提交简历并测试评估

应聘者联系选择合作的邮轮中介，提交简历并完成中介公司的电话测试。该测试的主要目的是中介公司对应聘者的英语口语水平、性格、工作经验等有个大概的摸底，测试后会给出初步评定结果以及相关改进建议和意见反馈。

4. 参加邮轮公司面试前的培训

该强化培训不是强制要求的，如果应聘者的专业能力或者英语口语等比较薄弱才需要参加。该培训是对应聘者的专业知识、专业技能、英语口语、销售能力以及面试技巧等方面进行针对性的强化补习、集中培训，目的是提高应聘者的面试通过率。

5. 参加邮轮公司的面试

邮轮公司面试的形式一般有两种，一种是视频面试，一种是现场面试，两种形式都进行的也有。具体面试形式和需要几轮面试看邮轮公司具体通知。面试的主要考核内容有：英语口语、专业能力、岗位实操技能、销售能力、性格等。

6. 参加海事培训

海事培训是由海事局规定的，是强制要求参加的，而且要到指定的海事培训学校参加。培训科目包括国际航行英语、基本安全、保安意识、客船船员特殊培训。培训时间一般 35 ～ 45 天，采用全天制现场培训。

7. 体检、办证

参加完海事培训，中介会指导应聘者去相关部门进行体检和办证。

主要证件包括：海员证、船员服务簿、海船船员适任证书、海船船员专业培训合格证（俗称四小证）、海船船员健康证、护照、国际旅行健康检查证明书、国际预防接种证书、外籍体检表等。

8. 岗前培训

有的邮轮公司和部门会进行岗前培训。岗前培训是为了协助应聘者更好地掌握职位知识和技能，需要重视并努力参与学习。岗前培训时间是由雇主邮轮公司决定的，届时中介会提醒应聘者参加相关培训的时间、地点及重要事项等。另外，岗前培训和体检 / 制证过程也可以同时进行。

9. 签证

根据所应聘邮轮公司的要求和登船地点的不同，会要求应聘者办理相关国家的签证。这些可由邮轮中介来协助和指导办理。

10. 等船期

一般情况下，除非急招的邮轮职位能马上登船工作，或者特殊职位（如水疗部门的针灸师、健身教练等）通过培训、面试手续后直接登船工作，其余的职位都需要等待一定时间的船期。船期等待时间从培训到登船，在半年内是比较合理的。有的邮轮职位，可能面试的人太多或者空缺职位太少，那么船期也可能等一年以上。

11. 登船工作

在进行了一系列的准备工作和培训后，应聘者就可以登船在各自的岗位进行工作了。

二、应聘邮轮工作的面试技巧

如何做才能在众多面试者当中脱颖而出呢？"知己知彼，百战不殆"，虽然面试不是决斗场上真实的打斗，但是面试的确是一场自己与自己、自己与他人的较量。

那么，海乘人员的面试需要做好哪些准备？有哪些技巧呢？

1. 面试准备

（1）收集相关资料

通过报纸、网络、图书馆或者相关联的人员等途径，尽可能地多了解应聘的邮轮公司的情况。包括邮轮公司的成立时间、规模、船舶运营区域、提供的服务（美食、娱乐、健身）等。

（2）熟悉"自己"

要对自己的所有应聘资料包括学历、简历、各种证书、证明资料、地址等熟悉，还要清楚自己的特长、个性、爱好及优缺点等。

（3）相应的礼仪及技能知识准备

面试中的穿着、行为、举止、谈吐等是给面试官的第一印象，同时与所应聘公司或岗位相关的技能，诸如餐饮、客舱、英语等都需掌握熟练。会操作计算机、会使用软件等。

（4）常见英语面试问题准备

主要从个人信息及爱好、教育背景、学习经历、工作经历及家乡环境等方面进行问答。

（5）制作简历

为了能给面试官留有深刻且积极的印象，简历制作十分重要。下面介绍几点简历制作的注意事项。

第一，简洁明了。要快速吸引人事的眼球，要简明，让人事抓到亮点，页数最好在一页之内。

第二，先主后次。把主要的放在前面，次要的放在后面。比如工作经验、应聘职位、待遇要求写在前面，自我介绍、兴趣爱好等写在后面。

第三，语言得体。不要使用长句，一般都用短句或短语，在写相关技能的时候最好使用专业词汇，这样可以让面试官的印象更深刻。

第四，内容要全。该有的都得有，比如个人信息、岗位意向、工作经验、教育背景、证书信息、技能信息、兴趣爱好等。

第五，要有针对性。比如应聘的是服务员，那简历里的求职意向就别写和服务员不相干的工作，而且工作经验里的岗位最好和服务员接近。

2. 面试技巧

邮轮海乘招聘面试通常以视频面试、现场面试两种方式进行。视频面试简单方便，随时随地只要手机在手就可以直接与面试官进行网络面试，对于极度紧张害怕面对面交流的面试者来讲是个很好的面试方式；现场面试则需要应聘者按照要求抵达面试地点，携带好相关材料准时排序参加面试。应聘者可以自信大方、充分地展示自己，让面试官多一些了解，为自己赢得更多可能性。

无论是视频面试还是现场面试，都必须掌握以下技巧：

（1）微笑

面露平和欢愉的微笑，说明心情愉快，充实满足，乐观向上，能提升个人形象和魅力。比如，面试官低头查看应聘者的简历，抬头看见应聘者微笑自信地在回答问题也会促进更愉悦顺利地交谈；相反看到冷冰冰、表情僵硬的脸庞，则可能无法激发他更多的交流兴致。

（2）自信，眼神交流

面试过程中一定要敢于直视面试官的眼睛。回答问题时，眼神不要游离。飘忽不定的眼神可能会给面试官留下不自信甚至作弊的印象，因此一定要自信大方地回答问题。

（3）站在面试官角度思考

无论是什么面试，回答问题的答案都要尽量学会站在面试官的角度去考虑，而不是一味照顾自己的感受。邮轮公司招聘心仪的人才，很在乎三点：第一，你是不是个能吃苦的人？第二，你能否待得住？第三，你的工作经验是否能支撑你上船后的工作？

很多时候，这些问题举个例子侧面回答往往比单纯地强调你是个什么样的人更加有说服力，而且面试官也更容易接受。

（4）对于确定的答案，应礼貌地坚持

面试答案没有对错，只有好坏。只要是在合理的范围内都是可以的，因为面试官大多数的问题都是从问题某一个点展开的，所以回答面试官问题时，不要被面试官牵着鼻子走，对于自己确定的正确答案，一定要礼貌地坚持，大方自信，灵活应对。

 拓展学习

利用互联网查询，了解嘉年华邮轮公司和皇家加勒比邮轮公司面试常见问题。

思考练习

一、单项选择题

1. 服务人员根据邮轮市场情况而定，但主要来自（　　　）。

A. 发展中国家　　　　B. 非洲国家　　　　C. 东欧国家　　　　D. 发达国家

2. 邮轮工作人员经常出现"（　　　）"或跨部门工作的情况。

A. 定岗定员　　　　B. 一岗多责　　　　C. 一责多岗　　　　D. 多岗多责

3. 邮轮属于（　　）行业，为了打造高端旅游产品，船员与游客的比例非常高。

A. 高薪　　　　　　B. 人力资源稀缺型　C. 劳动密集型　　　D. 知识密集型

4. 以下哪个不属于邮轮酒店部的工作岗位？（　　　）。

A. 前台经理　　　　B. 餐厅经理　　　　C. 船长　　　　　　D. 酒吧经理

5. 邮轮（　　）包括健身、娱乐、地面观光以及各种演艺活动等。

A. 航海部　　　　　B. 轮机部　　　　　C. 娱乐部　　　　　D. 医疗部

二、多项选择题

1. 对于（　　　　　）、摄影部等组织，邮轮公司通常以特许经营的方式进行运作。

A. 赌场　　　　　　 B. 美容院　　　　　　 C. 商店　　　　　　 D. 健身俱乐部

2. 邮轮船上业务岗位一般分为（　　　　　　）等部门。

A. 航海部　　　　　　 B. 轮机部　　　　　　 C. 酒店部　　　　　　 D. 医疗部

3. 以下哪些属于邮轮酒店部的工作岗位？（　　　　　　）

A. 前台经理　　　　 B. 餐厅经理　　　　 C. 行政总厨　　　　 D. 酒吧经理

4. 前台员工必须掌握（　　　　　　）等技能。

A. 结账收银　　　　 B. 外币兑换　　　　 C. 投诉处理　　　　 D. 总机转接

5. 娱乐部员工必须具备（　　　　　　）等技能。

A. 主持　　　　　　 B. 唱歌　　　　　　 C. 跳舞　　　　　　 D. 运动健身

6. 提高邮轮服务质量的关键，要求邮轮服务人员（　　　　　　）。

A. 热情周到　　　　 B. 亲切真诚　　　　 C. 一视同仁　　　　 D. 良好服务的意识

三、判断题

1. 越豪华的邮轮配备船员数会越多。　　　　　　　　　　　　　　　（　　　）

2. 邮轮上的医疗服务是免费的。　　　　　　　　　　　　　　　　　（　　　）

3. 邮轮上的赌场业务往往是进入公海后才开始运营的，因为沿海多数国家都有禁赌的法律规定。　　　　　　　　　　　　　　　　　　　　　　　　　（　　　）

4. 邮轮的岸上工作岗位主要涉及管理、预订、市场、销售、客户服务、人力资源等领域。　　　　　　　　　　　　　　　　　　　　　　　　　　　　　（　　　）

5. 邮轮船上工作岗位主要涉及船舶安全航行以及游客接待服务等方面。（　　　）

6. 在游客登上邮轮后，船长也会出席船上的社交活动，对游客表示最直接的欢迎。
　　　　　　　　　　　　　　　　　　　　　　　　　　　　　　　（　　　）

7. 酒店部门是邮轮上的对客服务部门，其工作岗位与服务职责和陆地上的酒店、度假村类似。　　　　　　　　　　　　　　　　　　　　　　　　　　　（　　　）

附录 《邮轮概论》课程实训项目工作单

实训1 调研与介绍邮轮船舶

（2课时）

一、任务与要求

① 利用互联网调研与介绍某一邮轮船舶。

② 具体认识某一艘邮轮船舶空间情况，加深对邮轮的认知。

③ 锻炼信息收集和处理能力、分析与思考能力。学生学会合理利用互联网，掌握互联网资源搜索基本技巧；会甄别、整理归纳和编辑资料，形成自己的系统认知，并掌握基本的图文处理能力。

二、实训条件

① 多媒体教室。

② 电脑（办公软件）、互联网。

③《邮轮概论》教材资料：第二章　邮轮。

三、实训步骤（内容）

① 登录邮轮公司或者旅游公司（携程、环世邮轮、最邮轮等）网站，或直接搜索相关文章，查看和收集某一艘邮轮现状介绍、图片。

② 归纳、整理、分析、总结出该艘邮轮的基本状况、主要特点、内部空间（整体布局、舱房、公共空间、非公共空间）各个部分的名称和特色（配以图片），应用PPT进行条理、清楚、规范的编辑，并为展示作业结果做好准备。

③ 每位学生自己选择自己感兴趣的一艘邮轮进行研究并形成自己的作业成果。

④ 应用办公软件（Word或者PPT）进行归纳、整理、分析、总结，制作图文并茂、条理清楚的结果材料。

四、成果要求

① Word或者PPT形式，图文并茂，条理清楚。

② 编辑条理清楚，图片能反映和匹配文字内容，大小适宜，文字内容简练，突出关键重点内容。

③ 不能直接大批量抄袭网络资料，不经过自己的思考和加工编辑。

五、考核评价

① 每位学生自己独立进行研究并形成自己的作业成果；课堂上抽 3 ~ 6 位代表上台进行项目结果展示，从内容、编辑、创意、演讲、熟悉和熟练情况等方面进行考评。

② 每位学生的电子版作业成果按时交给学习委员（学习委员整理打包发送到老师邮箱）。

六、作业

复习观看智慧职教教学平台"云课堂 APP"上的邮轮产业、邮轮的微课及补充的视频。

七、参考资料

《邮轮概论》教材：第二章　邮轮。

实训 2　识别邮轮空间、主要邮轮公司标志

（2课时）

一、任务与要求

① 识别邮轮空间、主要邮轮公司标志。

② 学生根据教师提供的图案图标，识别邮轮各种不同功能和类型的空间、邮轮公司标志，掌握具体名称和特点。

二、实训条件

① 多媒体教室。

② 纸质作业材料（或者布置在智慧职教教学平台"云课堂 APP"）。

③ 互联网、教学平台、教材资料等。

三、实训步骤（内容）

① 根据《邮轮概论》教材"第二章　邮轮""第三章　邮轮公司"的基本内容，结合互联网、教学平台等进行学习，熟悉邮轮空间、邮轮公司标志。

② 老师提供纸质版的作业材料（或者布置在智慧职教教学平台"云课堂 APP"），学生在课堂上独立完成。

③ 老师进行反馈与讲评。

四、成果要求

① 纸质版 Word 或者 Excel 表格形式。

② 书写工整、清楚，内容准确。

五、考核评价

① 每位学生独立完成作业；课堂上抽 3～6 位代表上台进行主要邮轮空间、邮轮公司标志的阐述与介绍，从内容、演讲、熟悉和熟练情况等方面进行考评。

② 每位学生的纸质版作业成果按时交给老师。

六、作业

观看智慧职教教学平台"云课堂 APP"上的邮轮、邮轮公司的微课及补充的视频。

七、参考资料

教材《邮轮概论》"第二章　邮轮"的第二节"邮轮的内部空间"，"第三章　邮轮公司"的第一节"全球三大邮轮集团"、第二节"其他著名邮轮公司"。

实训3　邮轮公司基本认知

（2课时）

一、任务与要求

① 学生应用互联网进行信息搜集、调查，总结国际邮轮公司典型的组织结构及各部门主要职能，比较全面、条理地认知邮轮公司。

② 学生学会合理利用互联网，掌握互联网资源搜索基本技巧；会甄别、整理归纳和编辑资料，制作 PPT，理解国际邮轮公司内部组织结构，主要部门与岗位的分工与合作关系，从而理解国际邮轮公司的具体工作、职责分工等。

二、实训条件

① 多媒体教室。

② 电脑（办公软件）、互联网。

③ 教材资料：《邮轮概论》"第三章　邮轮公司"的第三节"邮轮公司的经营业务"。

三、实训步骤（内容）

① 登录主要国际邮轮公司的网站，查看和收集不同国际邮轮公司的业务范围描述、图片，组织结构及其部门/岗位职能分工描述。

② 进行归纳、整理、分析、比较，总结出国际邮轮公司典型的业务范围、组织结构、部门/岗位职能，应用 PPT 进行条理、清楚、规范的编辑，并为展示作业结果做好准备。

③ 各小组选择或抽查一位代表上台进行项目结果展示，学生自评、互评以及老师点评相结合，从内容、编辑、创意、演讲、协作情况等方面进行考评。

四、成果要求

① PPT，并能够上台进行项目结果演示，图文并茂，条理清楚。

② 编辑条理清楚，图片能反映和匹配文字内容，大小适宜，文字内容简练，突出关键重点内容。

③ 不能直接大批量抄袭网络资料，不经过自己的思考和加工编辑。

五、考核评价

① 每位学生自己独立进行研究并形成自己的作业成果；课堂上抽 3 ～ 6 位代表上台进行项目结果展示，从内容、编辑、创意、演讲、熟悉和熟练情况等方面进行考评。

② 每位学生的电子版作业成果按时交给学习委员（学习委员再整理打包发送到老师邮箱）。

六、作业

观看智慧职教教学平台"云课堂 APP"上"邮轮公司"的微课及补充的视频。

七、参考资料

教材《邮轮概论》"第三章　邮轮公司"的第三节"邮轮公司的经营业务"。

实训4　邮轮港口填图

（2课时）

一、任务与要求

① 学生识记世界主要邮轮港口名称和地理位置，比较全面、条理地认知世界邮轮港口布局和特点。

② 进行邮轮港口填图，识记、熟悉主要邮轮航线区域、港口的名称、位置，了解航线规律和世界邮轮港口格局。

二、实训条件

① 多媒体教室（用于老师反馈、讲析与展示）。

② 纸质填图材料。

③ 教材资料：《邮轮概论》"第四章　邮轮港口"。

三、实训步骤（内容）

① 结合地图和老师课件巩固复习《邮轮概论》"第四章　邮轮港口"的十大世界邮轮港口和中国十大邮轮港口，并拓展学习老师补充的其他主要邮轮港口；熟悉并识记主要邮轮港口的名称和地理位置。

② 根据老师提供的纸质填图材料，学生独立进行填图作业。

③ 老师示范、指导与考评。

四、成果要求

① 按要求及时提交纸质填图材料。
② 书写条理清楚，字体大小适宜，文字内容简练，能对应地图上的地理位置。

五、考核评价

每位学生自己独立进行填图，主要考核填写的准确性、书写规范性，以及作业实践过程的态度。

六、作业

① 观看智慧职教教学平台"云课堂 APP"上的"第四章　邮轮港口"的微课及补充的视频。
② 课前应用电子地图或者手机端地图软件进行研究学习。

七、参考资料

教材《邮轮概论》"第四章　邮轮港口"。

实训5　调研与总结世界邮轮港口分区

（2课时）

一、任务与要求

① 学生识记世界主要邮轮港口名称和地理位置，观察空间分布规律，比较全面、条理地认知世界邮轮港口布局和特点。
② 利用电脑和互联网，锻炼总结整理能力和互联网搜索应用能力，掌握互联网资源搜索基本技巧；会甄别、整理归纳和编辑资料（会搜索、会判断、会截图、会标记、会整理编辑等）。

二、实训条件

① 多媒体教室（用于老师反馈、讲析与展示）。
② 电脑、互联网。
③ 教材资料：《邮轮概论》"第四章　邮轮港口""第五章　邮轮航线"。

三、实训步骤（内容）

① 结合地图和老师课件巩固复习《邮轮概论》"第四章　邮轮港口""第五章　邮轮航线"的基本内容；熟悉并识记主要邮轮港口的名称和地理位置，各主要区域航线途经挂靠的主要港口。

② 根据老师提供的邮轮港口名单，学生利用电脑和互联网，在电子地图上对应的位置标绘出该港口并截图，制作成 PPT（每一页有港口名称和对应的图示），要求编辑条理、清楚、规范。

③ 任务分配，例如：

a. 北美（美国加拿大）西海岸（太平洋沿岸）——

b. 北美（美国加拿大）东海岸（大西洋洋沿岸）——

c. 中美地峡（墨西哥到巴拿马几个国家）——

d. 加勒比海地区——

e. 南美洲和南极——

f. 欧洲地中海沿岸——

g. 欧洲波罗的海沿岸和北极——

h. 欧洲大西洋沿岸——

i. 非洲周围（北非、西非、东非和南非）——

j. 亚洲中国——

k. 亚洲韩国和日本——

l. 亚洲东南亚——

m. 亚洲南亚和西亚（波斯湾）——

n. 澳大利亚和新西兰——

o. 太平洋岛屿国——

四、成果要求

① PPT，并能够上台进行项目结果演示，图文并茂，条理清楚。

② 编辑条理清楚，图片能反映和匹配文字内容，大小适宜，文字内容简练，突出关键重点内容。

③ 不能直接大批量抄袭网络资料，不经过自己的思考和加工编辑。

五、考核评价

① 每位学生自己独立进行研究并形成自己的作业成果；课堂上抽 3～6 位代表上台进行项目结果展示，从内容、编辑、创意、演讲、熟悉和熟练情况等方面进行考评。

② 每位学生的电子版作业成果按时交给学习委员（学习委员再整理打包发送到老师邮箱）。

六、作业

① 观看智慧职教学平台"云课堂 APP"上的"第五章 邮轮航线"的微课及补充的视频。

② 课前应用电脑和互联网进行研究和制作 PPT。

七、参考资料

教材《邮轮概论》"第四章 邮轮港口""第五章 邮轮航线"。

实训6　调研与制作邮轮旅游攻略

（2课时）

一、任务与要求

经过资料收集与调研准备等，详细、系统地展示介绍某一航次邮轮的旅游攻略，理解邮轮旅游的过程和主要注意事项，加深对邮轮旅游过程的认知。锻炼信息收集和处理能力、分析与思考能力。学生学会合理利用互联网，掌握互联网资源搜索基本技巧；会甄别、整理归纳和编辑资料，形成自己的系统认知，并掌握基本的图文处理能力。

二、实训条件

① 多媒体教室。
② 电脑（办公软件）、互联网。
③《邮轮概论》教材资料"第六章　邮轮旅游过程"。

三、实训步骤（内容）

① 登录邮轮公司或者旅游公司的网站，或者直接搜索相关文章，阅读多篇邮轮旅游攻略（文字介绍、图片），掌握撰写攻略的步骤和内容范围。

② 选取某一艘邮轮/航次的邮轮旅游攻略，进行归纳、整理，总结出条理清楚的攻略图文（PPT，配以图片），并介绍给大家，让大家知道邮轮旅游过程和准备工作。要应用 PPT 进行条理、清楚、规范的编辑，并为展示作业结果做好准备。

③ 每位学生选择自己感兴趣的一艘邮轮/航次的邮轮旅游攻略进行研究并形成自己的作业成果（标题举例：×× 号邮轮到日本旅游攻略、×× 号邮轮到阿拉斯加旅游攻略、加勒比海邮轮旅游攻略、欧洲地中海邮轮旅游攻略、南极邮轮旅游攻略，关键是要明确地点）。

④ 应用办公软件（Word 或者 PPT）进行归纳、整理、分析、总结，制作图文并茂、条理清楚的结果材料。

四、成果要求

① Word 或者 PPT 形式，图文并茂，条理清楚。
② 编辑条理清楚，图片能反映和匹配文字内容，大小适宜，文字内容简练，突出关键重点内容。
③ 不能直接大批量抄袭网络资料，不经过自己的思考和加工编辑。

五、考核评价

① 每位学生自己独立进行研究并形成自己的作业成果；课堂上抽 3 ～ 6 位代表上台进行项目结果展示，从内容、编辑、创意、演讲、熟悉和熟练情况等方面进行

考评。

② 每位学生的电子版作业成果按时交给学习委员。

六、作业

① 观看智慧职教教学平台"云课堂 APP"上的"第六章　邮轮旅游过程"的微课及补充的视频。

② 课前应用电脑和互联网进行研究并制作 PPT。

七、参考资料

《邮轮概论》教材，"第六章　邮轮旅游过程"。

参考文献

[1] 王敬良，张娣.邮轮概论［M］.济南：山东科学技术出版社，2018.

[2] 叶欣梁.邮轮概论［M］.2版.大连：大连海事大学出版社，2019.

[3] 皮晖，常新利.邮轮旅游概论［M］.武汉：华中科技大学出版社，2017.

[4] 刘艳.邮轮旅游市场营销［M］.大连：大连海事大学出版社，2016.

[5] 黄丽华.邮轮概论［M］.青岛：中国海洋大学出版社，2018.

[6] 唐由庆.邮轮实务［M］.北京：高等教育出版社，2012.

[7] 李华.邮轮旅游地理［M］.北京：旅游教育出版社，2019.

[8] 龙京红.邮轮运营与管理［M］.北京：中国旅游出版社，2014.

[9] 赵序.国际邮轮服务与管理［M］.北京：旅游教育出版社，2017.

[10] 程丛喜.国际邮轮旅游地理［M］.武汉：华中科技大学出版社，2018.

[11] 携程旅行网.

[12] 途牛旅游网.

[13] 公主邮轮官网.

[14] 环世邮轮网.

[15] 歌诗达COSTA邮轮中国官网.

[16] 丽星邮轮官网.

[17] 海岸邮轮网.

[18] 皇家加勒比国际游轮官网.

[19] 冠达邮轮官网.

[20] 和平之船官网.

[21] 天津国际邮轮母港官网.

[22] 上海邮轮中心官网.

[23] 嘉年华邮轮官网.

[24] MSC地中海邮轮官网.